Narcisme in relaties

**Loskomen uit het web
van een narcistische partner**

Alice Vlottes & Daan Wienke

AnderZ

ISBN: 9789462961234
NUR: 770
THEMA: VFVS, VFVG, JMS
Trefw.: Narcisme, persoonlijkheidsstoornis, worsteling, partner, herkennen, gedrag, relatie, bevrijden, zeven fasen, interviews, Alice Vlottes, Daan Wienke

Illustratie omslag: Marlou Smit, Groningen
Omslagontwerp: arjensnijder.design, Loon
Vormgeving binnenwerk: Astrid Yperlaan, Tilburg
Redactie: Vertaal- en Redactiebureau Am Rhein, Zwolle
Drukwerk: Balmedia, Schiedam

1e druk, september 2019
2e druk, november 2019

© Copyright 2019 Van Duuren Management
AnderZ is een imprint van Van Duuren Management BV

Alle rechten voorbehouden. Niets uit deze uitgave mag worden verveelvoudigd, opgeslagen in een geautomatiseerd gegevensbestand, of openbaar gemaakt, in enige vorm of op enige wijze, hetzij elektronisch, mechanisch, door fotokopieën, opnamen, of enige andere manier, zonder voorafgaande toestemming van de uitgever.
Voorzover het maken van kopieën uit deze uitgave is toegestaan op grond van artikel 16B Auteurswet 1912 j° het Besluit van 20 juni 1974, St.b. 351, zoals gewijzigd bij Besluit van 23 augustus 1985, St.b. 471 en artikel 17 Auteurswet 1912, dient men de daarvoor wettelijk verschuldigde vergoedingen te voldoen aan de Stichting Reprorecht. Voor het overnemen van gedeelte(n) uit deze uitgave in bloemlezingen, readers en andere compilatie- of andere werken (artikel 16 Auteurswet 1912), in welke vorm dan ook, dient men zich tot de uitgever te wenden.
Ondanks alle aan de samenstelling van dit boek bestede zorg kan noch de redactie, noch de auteurs, noch de uitgever aansprakelijkheid aanvaarden voor schade die het gevolg is van enige fout in deze uitgave.

Geïnspireerd?

Ben je geïnspireerd geraakt door dit boek en wil je meer weten over de boeken van AnderZ? Neem dan een kijkje op onze website www.anderzdenken.nl.

Meld je aan voor onze nieuwsbrief met leuke nieuwe leestips, kortingsacties, nieuwe uitgaven, events en (auteurs)presentaties. Je krijgt dan bovendien een maand lang toegang tot de digitale versie van dit boek op Yindo.nl.

Meld je aan!
1. Ga naar www.anderzdenken.nl.
2. Klik op Registreer!
3. Vul de volgende code in: ANZ-0006-4

Wil je zien wat we dagelijks doen? Volg ons dan op:

 @AnderZdenken

 www.facebook.com/anderzdenken

 www.linkedin.com/company/anderz-denken

 www.instagram.com/anderzdenken

INHOUD

Inleiding 9
Achter de façade 9
Focus van dit boek 10
Het drama ontwarren 11
Opzet 11

1 Wat is narcisme? 15
Narcisme: betekenissen 15
Waarom is het zo lastig om een narcist te herkennen? 20
Open en verborgen narcisme 21
Hoe vaak komt het voor? 22
Verschil man-vrouw? 22
Word je geboren als narcist? 22
Is narcisme te genezen? 24
Ten slotte 24

2 Bekoring 27
Verliefdheid: heftige bekoring én tijdelijke krankzinnigheid 27
Verliefd worden op een narcist 28
Bij deze knapperd voel ik mij de koning te rijk 30
Jouw verliefdheid en de hormonen 32
Achteraf: hoe kon het dat ik me zo liet inpakken? 33

3 **Ingesponnen raken** 39
   Waarom weeft de narcist het web? 39
   Op welke manier weeft de narcist zijn web? 41
   Hoe laat jij je inweven in zijn web? 48
   Probeer je los te komen uit het web? Hoe dan? 51

4 **Beklemming** 55
   Waardoor raak jij beklemd? 56
   Je eenzaam voelen 76
   Beklemd. Wat nu? 77

5 **Escalatie en kantelpunt** 81
   Steeds meer lijdend voorwerp 81
   Ruzie, ruzie, ruzie 84
   Strategieën bij ruzies 85
   Waarom ging je zo lang door? 87
   'Tot hier en niet verder!': het kantelpunt 92

6 **Losmaking** 99
   Hels karwei 99
   Belemmeringen bij losmaking 100
   Bereid je voor op reacties 104
   Steun... maar nu pas? 109
   Na het losmaken nu het verwerken? 110

7 Verwerking **113**
    Je bent in shock   113
    Vragen, vragen...   114
    Emotieverloop in de relatie met een narcist   120
    Onvolledige verwerking   122
    Wat belemmert een goede verwerking?   123
    Wat bevordert de verwerking?   126

8 Terugblik en acceptatie **129**
    Kosten en baten van de relatie   129
    Waarin ben je het meest teleurgesteld?   130
    Hoe kijk je nu op je relatie terug?   132
    Is de narcist verantwoordelijk voor zijn gedrag?   133
    Welke invloed heeft deze relatie op je zelfbeeld?   135
    Wat gaf jou afstand en inzicht?   138
    Wat bood tegenwicht in je leven, waardoor had je compensatie?   139
    De acceptatie: is het mogelijk te accepteren wat er gebeurd is?   141
    Voel je je bevrijd?   144

9 Adviezen voor partners **149**

Verantwoording **155**
Bijlage – Vragen interview **160**
Bronnen **162**

'Je gelooft het (bijna) niet als je het niet zelf hebt meegemaakt.'

INLEIDING

Met een heerlijke cocktail in de hand sta je te genieten bij een tuinfeest. Een feest waar alles klopt: een mooie zomeravond, lekkere muziek, heerlijke drankjes en verrukkelijke hapjes. De vogels fluiten, de glazen klinken. Er wordt vrolijk gelachen.

Je praat met een aantrekkelijke man, die zelfvertrouwen uitstraalt en een goedverzorgde indruk maakt. Hij is een makkelijke en onderhoudende prater. Hij gedraagt zich zeer charmant, is geïnteresseerd in je. Je lacht en je hebt plezier. Je kunt je geen geanimeerder gezelschap verbeelden.

Achter de façade
Jij weet echter dat deze man ook een heel andere kant heeft. Via zijn partner weet je van zijn andere gezicht. Je kent de verhalen over de drama's die zich rondom hem hebben afgespeeld: de drie vechtscheidingen die hij achter de rug heeft, de ruzies die hij veroorzaakte in zijn familie door zijn egoïstische gedrag. Het ontkennen van zijn aandeel in het ontstaan van die ruzies, waarbij hij zich boven alle vormen van kritiek verheven voelde: het lag nooit aan hem. Empathie was hem vreemd. Hij liet de partners, de familie en de kinderen verward en verslagen achter.

Terwijl je hier staat te praten met deze charmante man, ben je opnieuw verbijsterd over het contrast tussen wat je ziet en wat je weet: warm en betrokken naar de buitenwereld, kil en berekenend naar zijn partner. Deze man heeft twee totaal verschillende gezichten, die niet met elkaar te rijmen zijn. Als jij het verschijnsel narcisme niet zou kennen, zou je de dramatische verhalen van zijn partner niet geloven.

Helaas weet jij beter.
Een bizarre werkelijkheid: het kan echt.
En hoe dat kan... Daarover gaat dit boek.

Focus van dit boek

Dit boek gaat over jou als ex-partner[1] van een narcist[2]. Het schetst het proces dat veel partners van een narcist in hun relatie doormaken. We doen een poging om te beschrijven wat er in jou omging: wat je dacht en wat je voelde. Denken, voelen en handelen komen in dit boek steeds terug, om daarmee zo concreet mogelijk te benoemen wat er gebeurde. We willen je op die manier meenemen in een stap-voor-stap beschrijving en analyse van wat er zich kan afspelen in de relatie met de narcist, van het prille begin – de hevige verliefdheid – tot het bittere einde: de moeizame losmaking en hopelijk de acceptatie van wat geweest is.

Het gaat bij deze beschrijving niet om de schuldvraag of het beschuldigen van de narcist, de mogelijke 'dader'. Daarom spreken we in het boek niet over dader en slachtoffer, maar over de narcist en zijn partner.

We doen een poging het proces te beschrijven tussen de narcist en jou. We hopen dat je daarmee inzicht krijgt in

---

1 In dit boek gaat het zowel over ex-partners als partners. Omwille van de leesbaarheid hebben we het verder over 'partners'.
2 Bij 'narcist' gaat het om zowel mannelijke als vrouwelijke narcisten. Gemakshalve hebben we het verder over 'hij', tenzij de context nadrukkelijk vraagt om 'zij'.

wat er met jou gebeurd is, en dat dit je helpt om het een plek te geven in je leven. Heb je nog een relatie met een narcist, dan helpt dit boek je mogelijk om te doorzien wat er nú gebeurt, zodat je zelfvertrouwen niet verder ondermijnd wordt en je misschien tot passende acties kunt komen.

Het drama ontwarren
De verhalen die wij hoorden in de interviews met 25 partners waren hartverscheurende getuigenissen van pijn, gekwetstheid, ellende, zich verlaten voelen, eenzaamheid en vooral ook boosheid en teleurstelling over wat er gebeurd was in de relatie met de narcist.

Waarschijnlijk begon jouw relatie met de narcist geweldig en eindigde deze dramatisch. De kans is groot dat je met wrok en verbittering terugkijkt op de relatie. Je vraagt je af hoe alles zo heeft kunnen gebeuren. Achteraf probeer je te begrijpen wat je nauwelijks lijkt te kunnen bevatten. De kans is groot dat je met allerlei onbeantwoorde vragen bent achtergebleven. Wat er nu precies gebeurd is, en wat je terugblikkend misschien had kunnen doen (of juist helemaal niét!): het kan voor jou een wirwar aan gedachten zijn.

Opzet
De opzet van dit boek is de volgende. We geven je in hoofdstuk 1 eerst informatie over wat narcisme is, ook om de stoornis (want dat is het!) te onderscheiden van minder schadelijke vormen van zelfliefde, zoals ijdelheid en zelfingenomenheid. Daarna proberen we in de vervolghoofdstukken na te gaan wat er vanaf het begin van de relatie gebeurt met jou als partner van een narcist. Om dit proces extra inzichtelijk te maken, hebben we de hoofdstukken ingedeeld naar de fasen die in een nar-

cistische relatie te onderscheiden zijn. De aanduidingen van de fasen hebben we ontleend aan de analyse van de interviews. Uit de interviews hebben we de volgende zeven chronologische fasen kunnen onderscheiden: 'bekoring', 'ingesponnen worden', 'beklemming', 'escalatie en kantelpunt', 'losmaking', 'verwerking' en 'acceptatie'.

Op internet is veel te vinden over de narcist. Wat daarbij opvalt, is dat er veel geschreven wordt door de partner. Het gedrag van de narcist, vooral zijn nare gedrag, wordt uitvoerig uit de doeken gedaan. Het zijn vaak emotionele, zeer beladen verhalen.

Het verrassende is dat er weinig bekend is over de rol van jou als partner. En dan met name over wat zich afspeelt in jouw hoofd. Wat denk je, wat voel je en wat doe je? Dat zijn de invalshoeken waarmee wij dit thema willen onderzoeken. Wij hebben daarom via gesprekken met partners informatie over dit onderwerp verzameld. Om die reden hebben we de citaten uit de interviews zo'n grote plaats toebedeeld in dit boek. Daarmee willen we jou helpen om helder te krijgen welke rol en positie je waarschijnlijk had en wat je daarmee (bewust en onbewust) deed.

De informatie uit de ervaringsverhalen biedt je mogelijk herkenning. Daardoor zie je iets gemakkelijker in wat er met jou gebeurd is. Hopelijk worden er vragen voor je beantwoord en ga je jezelf wat beter begrijpen. Dat is de hoogste tijd: als jij uit een relatie met een narcist komt, kun jij dit zelfbegrip heel goed gebruiken.

Voor lezers die niet zelf betrokken of verwikkeld zijn in een relatie met een narcist biedt dit boek informatie over het bizarre proces van relatievorming bij narcisme en de ziekmakende consequenties van de relatie voor de part-

Inleiding

ner. Dit boek verschaft inzicht in een proces dat voor buitenstaanders – met name degenen die in de kringen rond de narcist en diens partner verkeren – lastig te bevatten is.

'Hij leeft alleen maar voor zichzelf, bewondert zichzelf op alle fronten. Ik voelde mij alleen en niet gezien. Door zijn liegen en manipuleren ben ik mezelf kwijtgeraakt... Ik ben mijzelf vergeten.'
(ex-partner, na 31 jaar huwelijk)

'In gezelschap trok hij als charmante man alle aandacht naar zich toe.'

WAT IS NARCISME?

Zoals in de inleiding aangegeven, beschrijven we in dit boek wat er met *jou* gebeurt in de relatie met de narcist. Die relatie ontwikkelt zich in verschillende fasen, waarbij elke fase specifieke kenmerken heeft. In dit hoofdstuk maak je kennis met de belangrijkste kenmerken van narcisme en met de twee verschillende vormen die onderscheiden worden: alledaags en ziekelijk narcisme. Bij de laatste vorm gaan we in op openlijk en verborgen narcisme.

Ook geven we je inzicht in het onderscheid met enkele andere persoonlijkheidsstoornissen, omdat er soms sprake is van overlapping in uitingen van gedrag. Daarnaast geeft dit hoofdstuk antwoord op de meest gestelde vragen over narcisme, zoals:
• Wat is de rol van aanleg en opvoeding?
• Is er verschil tussen mannen en vrouwen?
• Hoe vaak komt het voor?

Dit hoofdstuk eindigt met het antwoord op de vraag of er iets aan narcisme te doen is, oftewel: is narcisme te genezen?

Narcisme: betekenissen

Narcisme algemeen
Volgens de Griekse mythologie was Narcissus een beeldschone jongeman, die alle avances van vrouwen afwees.

Door de goden werd hij voor dat gebrek aan wederkerigheid gestraft. Zijn straf bestond eruit dat hij, toen hij zichzelf in het water weerspiegeld zag, hartstochtelijk verliefd werd op zijn eigen spiegelbeeld. Wat hij ook probeerde om bij dat mooie beeld te komen, het lukte niet. Uiteindelijk stierf hij van ellende en frustratie.

Alledaags narcisme
Je hebt vast weleens meegemaakt dat iemand bestempeld werd als een 'typische narcist'. Meestal gaat het om volwassenen die een nogal zelfingenomen indruk maken en daarop niet echt aanspreekbaar zijn. Maar wat verstaan we nu eigenlijk onder een 'typische narcist'?

Je kunt daarbij denken aan de veelvuldig selfies makende, prachtig opgemaakte jonge vrouw, die alleen gericht lijkt te zijn op mooi willen zijn. Of de fitnesser die – meestal rijkelijk voorzien van tatoeages, handschoentjes aan en staande voor de grote spiegel – ogenschijnlijk geboeid naar zichzelf kijkt en zich onbespied waant, ondanks de andere aanwezigen. Ook de bezitter van de kolossale SUV, die zijn auto midden op het plein parkeert, vlak voor het volle terras, wordt door de omstanders algauw minachtend een 'narcist' genoemd. Met deze stereotypen en stereotyperingen krijgt het begrip *narcisme* in het leven van alledag meerdere betekenissen. Dat varieert van 'overdreven zelfvertrouwen', 'eigenwijsheid', 'hoge eigendunk' tot 'irritante ijdeltuiterij' en 'zelfingenomen narcistische trekjes'. Bij al deze aanduidingen heeft narcisme dus vooral een negatieve betekenis.

In het alledaagse taalgebruik wordt narcisme soms ook in meer positieve zin genoemd. Het gezegde 'Je moet toch eerst van jezelf houden voordat je van een ander kunt houden' is tegenwoordig bijna een volkswijsheid geworden. Het lijkt te impliceren dat 'een beetje narcisme' niet verkeerd is. Wat in deze context echter bedoeld wordt met narcisme, is zelfvertrouwen of eigenliefde. En dat is inderdaad niet verkeerd, zolang het niet té veel wordt.

Er zijn dus verschillende invullingen van het begrip narcisme. Om verwarring te voorkomen, spreken we in dit boek vooral over de ziekelijke, de pathologische verschijningsvorm van narcisme. Het alledaagse narcisme zoals hiervoor beschreven – zowel negatief als positief – is dus niet het onderwerp van dit boek. De alledaagse verschijningsvorm is vaak ergerlijk, maar niet ziekmakend, de pathologische verschijningsvorm is dat wel.

De volgende figuur laat zien wat de plaats is van het ziekelijke narcisme op een schaal van 'normale eigendunk' tot 'psychopathie', vanuit het criterium 'aandacht voor jezelf ten koste van de ander'.

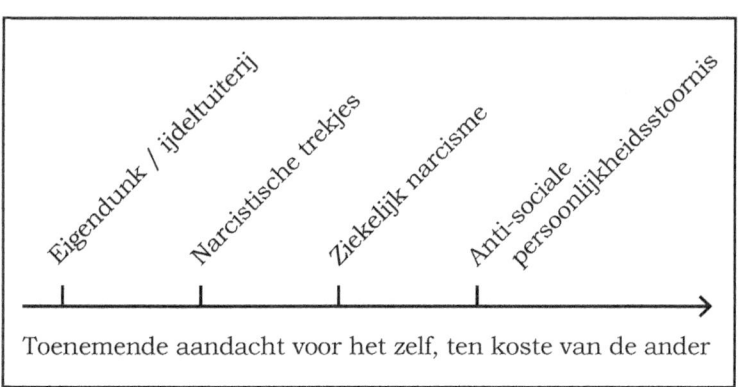

Figuur 1.1 Continuüm (Vlottes, Wienke 2019)

Ziekelijk narcisme:
de narcistische persoonlijkheidsstoornis

Bij ziekelijk narcisme is er sprake van een stoornis in iemands persoonlijkheid. Vaak zien we een diepgeworteld patroon van grootheidsgevoelens, dat tot uiting komt in fantasie en gedrag. Een narcist heeft een grote behoefte aan bewondering vanuit zijn omgeving, maar heeft zelf weinig inlevingsvermogen voor deze omgeving. Het gaat om gedrag waarbij de narcist door gebrek aan empathie grenzen bij anderen overschrijdt. Zijn partner en andere mensen in zijn omgeving hebben daar veel last van, maar de persoon in kwestie zelf niet.

Het blijkt dat dit gedrag voor de partner niet alleen storend is, maar – zoals we verderop in dit boek uitgebreid laten zien – vaak ook indringend pijnlijk en diep beschadigend. Als we in dit boek vanaf nu over de narcist spreken, betreft het een persoon met een persoonlijkheidsstoornis.

Hoe kun je een narcist herkennen?

De narcist heeft ten minste vijf van de onderstaande kenmerken (bron: Viersprong, Lentis):

1. Sterk vermeende kwaliteiten en een gevoel van belangrijkheid. De persoon overdrijft zijn prestaties of talent.
2. Een sterke behoefte aan aandacht, bewondering en erkenning. Hij wil geprezen en bewonderd worden. Hij heeft het nodig dat anderen naar hem opkijken.
3. Een gebrek aan empathie. Hij kan zich niet verplaatsen in anderen en erkent hun gevoelens niet.
4. Grootse plannen, visionaire beelden, verhalen en fantasieën over successen, macht, schoonheid, ideale liefde, genialiteit of prestaties.

1 Wat is narcisme?

5. Een verheerlijkt zelfbeeld. Hij ziet zichzelf als erg speciaal en uniek en is ervan overtuigd dat hij bijzonder is. Hij wil alleen omgaan met andere 'gelijke' speciale mensen, bijvoorbeeld erg rijke mensen of mensen met anderszins een hoge status.
6. De verwachting behandeld te worden alsof hij boven alles en iedereen staat. Hij denkt recht te hebben op bepaalde privileges, ook al is hier vanwege zijn vermeende bijzondere kwaliteiten geen daadwerkelijke aanleiding toe. Hij heeft onredelijke verwachtingen van anderen. Hij gaat ervan uit dat zij meegaan in zijn wensen en verwachtingen en is verbaasd dat andere mensen afwijkende ideeën hebben.
7. Misbruik maken van anderen. Hij zet anderen instrumenteel in om zijn doelen te bereiken. Ondertussen laat hij de ander geloven in zijn goede bedoelingen. Hij geeft een mooie draai aan alles, waardoor mensen geneigd zijn dit te geloven.
8. Hooghartig gedrag. Hij voelt zich beter dan anderen en kijkt op hen neer. Hij heeft behoefte aan macht en controle. Daardoor wordt hij dwingend of vrijheidsbeperkend ten opzichte van zijn partner en/of kind.
9. Jaloers zijn op anderen of denken dat anderen jaloers op hem zijn.

Andere kenmerken van een narcist, waarvan vaak in wisselende mate sprake is, zijn: agressief gedrag, gespeelde charme, dominantie, een zucht naar macht, het ontbreken van schuldgevoelens of berouw, gebrek aan emoties, eigen verantwoordelijkheid ontkennen, anderen de schuld geven, geen zelfreflectie, niet tegen kritiek kunnen, manipuleren.

Waarom is het zo lastig om een narcist te herkennen?

De hiervoor gegeven opsomming helpt om iemand langs de meetlat te leggen. Toch blijkt het in de praktijk lastig te zijn om een narcist te herkennen. Zijn omgeving ziet het niet, partners zien het te laat, hulpverleners signaleren het niet.

Er zijn enkele redenen aan te geven voor het niet of pas laat signaleren van narcisme.

Overlap
Allereerst is er veel overlap met andere persoonlijkheidsstoornissen, bijvoorbeeld met de antisociale persoonlijkheidsstoornis (waarbij net als bij narcisme sprake is van normoverschrijdend gedrag) of met de borderlinestoornis (waarbij net als bij narcisme sprake is van een sterke angst om verlaten te worden, van impulsief gedrag en van een gevoel van innerlijke leegte). Verder bestaat er overlap met stoornissen in het autistische spectrum (waarbij net als bij narcisme sprake is van problemen op het gebied van communicatie en sociale interactie door onvoldoende empathie). Soms kan een narcist zelfs psychopathisch gedrag vertonen, dat wil zeggen de partner als (lust)object zien, en deze zonder enige gewetenswroeging misbruiken. Ook in de interviews met partners bleek vaak sprake van overlap met genoemde stoornissen.

Geen 100% eenduidig beeld
Een tweede reden voor het lastig herkennen is dat er niet een 100% eenduidig beeld van ziekelijk narcisme is: de ene narcist is de andere niet. Om een voorbeeld te geven: narcisten geven zelden toe dat ze ongelijk hebben, 'sorry' zul je ze bijna nooit horen zeggen. Het komt echter ook

voor dat een narcist juist wél met het grootste gemak van de wereld 'sorry' zegt. Hij doet dit om van de kritiek af te zijn en om de dag erna weer precies hetzelfde narcistische gedrag te vertonen.

Eerst zie je het niet
Natuurlijk zie je in het begin van de relatie ander gedrag bij de narcist dan in een later stadium. In het begin is de narcist charmant en verleidend. Pas later herken je meerdere van de kenmerken zoals we ze hiervoor hebben opgesomd. Ook tijdens de interviews bleek dat het lang kan duren voordat het negatieve gedrag in de relatie herkend wordt.

Open en verborgen narcisme
Bij de narcistische persoonlijkheidsstoornis (het ziekelijke narcisme) zijn er twee vormen te onderscheiden: openlijk narcisme en verborgen narcisme. We lichten ze kort toe:

- Een *openlijke narcist* is zichtbaar door zijn arrogantie en breedsprakigheid. Door zijn charme komt hij in eerste instantie 'vaak ergens goed mee weg'.
- De *verborgen narcist* valt minder op, hij vertoont minder extravagante gedragingen dan de openlijke narcist. Hij is vaak meer in zichzelf gekeerd en vermijdt contacten. Hij is gevoelig voor de mening van anderen en voelt meestal feilloos aan waar zijn 'naasten' behoefte aan hebben. De verborgen narcist kan zich ook verlegen of passief opstellen. Of hij gedraagt zich 'gemaakt kwetsbaar', om zo in te spelen op de gevoelens van compassie en empathie van de partner en omgeving – en daardoor zijn zin te krijgen.

De overeenkomst tussen beide typen narcisten is dat ze zichzelf beter achten dan andere mensen en daarom ook vinden dat ze recht hebben op een speciale behandeling; bijvoorbeeld: 'De wet is niet van toepassing op mij'. Ook is bij beide typen sprake van een enorme behoefte aan bewondering en een gebrek aan empathie. Open en verborgen narcisme zijn twee kanten van dezelfde medaille: het krijgen van bewondering en het opkrikken van het ego.

Hoe vaak komt het voor?
Helaas is het lastig vast te stellen hoe vaak het ziekelijke narcisme oftewel de narcistische persoonlijkheidsstoornis voorkomt. De narcist zal zich immers zelf niet melden bij de hulpverlening, de lijdensdruk ligt vooral bij de ander. Het meest recente cijfer dat in de wetenschap wordt genoemd, is dat maximaal 1 procent van de volwassenen ziekelijk narcist is (CBS, 2018). Het zou dan in Nederland gaan om maar liefst een kleine 50.000 samenlevingsvormen (huishoudens, lat-relaties) waarin een narcist aanwezig is en waarin hoogstwaarschijnlijk sprake is van ernstig lijden bij de partner en problemen bij de opvoeding van de kinderen (CBS Statline, 2018).

Verschil man-vrouw?
Is er verschil tussen het aantal narcistische mannen en het aantal narcistische vrouwen? Volgens de bestaande onderzoeksgegevens komt narcisme meer bij mannen voor dan bij vrouwen: 75% man tegen 25% vrouw (CBS, 2018). Bij de behandelde narcisten (de grote minderheid van narcisten die zichzelf meldt bij de hulpverlening en die zich laat behandelen) is 85% man en 15% vrouw. Narcisme komt dus veel meer voor bij mannen dan bij vrouwen.

Word je geboren als narcist?
Ontstaat ziekelijk narcisme door de opvoeding en door aangeleerd gedrag of is er sprake van biologische factoren, van een genetische aanleg? Dit is een vraag die partners ook vaak stellen.

1 Wat is narcisme?

Resultaten van wetenschappelijk onderzoek, aangehaald door psycholoog en narcisme-expert Martin Appelo, leren dat narcisme deels erfelijk is. Bij iemand die deze aanleg heeft geërfd, is het echter niet zeker dat hij narcisme ontwikkelt. Want de andere, niet-narcistische ouder kan het 'tekort' dat het narcistische kind ontwikkelt – zichzelf verheerlijken en weinig oog hebben voor de behoeften van anderen – opvangen en het kind meer adequaat gedrag aanleren, zodat het zich niet narcistisch ontwikkelt.

Ontwikkelingspsycholoog Eddie Brummelman van de Universiteit van Amsterdam geeft aan hoe kinderen door hun ouders te makkelijk op een voetstuk worden geplaatst en zo narcistische trekken kunnen ontwikkelen. Ook gaat hij ervan uit dat kinderen niet geboren worden met een narcistische persoonlijkheid, maar dat ze deze gedurende hun kindertijd geleidelijk kunnen ontwikkelen.

En natuurlijk is er ook het imiteren door het kind van het gedrag van de ouders; kinderen doen onbewust na wat hun ouders hun voorleven of voordoen. Daardoor kan het kind van een narcistische ouder sneller narcistische trekjes ontwikkelen. Een ouder die zijn kind steeds op een voetstuk plaatst, het adoreert en tegelijkertijd geen grenzen stelt, geeft een kind onvoldoende veiligheid en emotionele geborgenheid. Maar ook voortdurend kleinerend gedrag kan een kind onzeker maken en zo een onveilige basis voor zijn ontwikkeling creëren.

Kortom: hoewel narcisme deels erfelijk kan zijn, wil dit nog niet zeggen dat het ook daadwerkelijk tot uiting komt. De compenserende rol van de opvoeders, een liefdevolle en grenzen stellende opvoeding, kan voorkomen dat het narcisme een kans krijgt.

Is narcisme te genezen?

Helaas, nee! Narcisme is niet te genezen in die zin dat het helemaal kan verdwijnen. In het beste geval kunnen de symptomen wat minder heftig worden. Therapie blijkt weinig soelaas te bieden: narcisten zijn behoorlijk therapie-resistent. Dat komt doordat er geen zelfinzicht is in de stoornis. Zij zien dus niet wat het aandeel van hun eigen gedrag is in de problemen die dankzij dat gedrag ontstaan in hun omgeving.

Het lastige is dat narcisten van andere mensen ook nog eens vaak waardering krijgen voor hun grootspraak en bluf. Op de korte termijn oogsten ze dan ook veel succes. Dat maakt hun gedrag behoorlijk hardnekkig. Dan begrijp je dus ook dat narcisten zich niet of nauwelijks laten zien bij de hulpverlening. En áls zij zich uiteindelijk toch aanmelden, is niet zozeer het narcisme de primaire reden, als wel het feit dat hun relaties steeds opnieuw stuklopen of dat zij op hun werk aldoor problemen hebben. Zelfs als een narcist door zijn inmiddels vierde echtgenote gedwongen wordt om professionele hulp te gaan zoeken, op straffe van scheiding, begrijpt hij het nóg niet: 'Want het ligt niet aan mij, ik ben geweldig.'

Toch is er nog wel enige hoop: narcisten kunnen – als ze bereid zijn te veranderen omdat ze via anderen last krijgen van hun eigen gedrag – aanleren hoe ze kunnen omgaan met de emoties van anderen. Vaak leren ze dan trucjes of technieken, maar dit maakt het voor de omgeving in ieder geval wat makkelijker om met hen te leven.

Ten slotte

Wellicht heb je nu enigszins een beeld gekregen van wat ziekelijk narcisme (oftewel de narcistische persoonlijkheidsstoornis) inhoudt en welk gedrag daarbij kenmerkend is. Gewapend met deze kennis kun je in de volgende hoofdstukken lezen wat het effect van het gedrag van de narcist op jou als partner is in de achtereenvolgende fasen van de relatieontwikkeling.

'Hij is geweldig, HIJ IS GEWELDIG!'

BEKORING

We beginnen met de beschrijving van hoe in het algemeen de eerste fase van een liefdesrelatie verloopt. Daarna beschrijven we de kenmerken van het verliefd zijn op een narcist. We laten zien hoe verliefdheid in sterke mate hormonaal gestuurd wordt en wat daarvan de consequenties zijn voor jouw verliefdheid.

Verliefdheid: heftige bekoring én tijdelijke krankzinnigheid

Verliefdheid, wederzijdse bekoring, is voor velen de heerlijkste fase in een relatie. Het is de periode die vaak heel veel indruk maakt en waaraan mensen zelfs na tien, twintig jaar huwelijk nog met gelukzalige gevoelens terugdenken. Daarom kijken veel mensen ook zo graag naar verliefde en zoenende stelletjes: ze ervaren weer even dat allesoverheersende, sprankelende gevoel van verliefdheid.

Verliefdheid laat zich vooral in poëtische vorm beschrijven. Datgene wat je ervaart, is immers nauwelijks rationeel te verklaren. Het is louter subjectief en daardoor ook niet goed in gewone woorden te vatten. Je voelt je 'hoteldebotel', 'stapeldol', 'met vlinders in je buik' et cetera. Omdat het gevoel moeilijk in alledaagse woorden is te vatten, is er veel liefdespoëzie en zijn er ook heel wat liedjes over verliefdheid. Deze teksten blijken universeel te zijn; iedereen, waar dan ook vandaan, begrijpt waarover het gaat!

Behalve mooi en geweldig kan het eerste stadium van een relatie ook verwarrend zijn; wellicht herinner je je ook dat nog. Verliefdheid kan – met enige humor en mildheid – ook beschouwd worden als een vorm van krankzinnigheid. Ze tast je oordeelsvermogen aan, gaat gepaard met dwangmatig gedrag, met obsessies, met concentratieproblemen, met slaapstoornissen, emotionele incontinentie (onbeheerst en onvoorspelbaar huilen, lachen, woede-uitbarstingen). In episodes van verliefdheid neem je niet zelden beslissingen waarvan je de gevolgen absoluut niet kunt overzien, terwijl die een enorme invloed kunnen hebben op je verdere leven. Je kunt in verwarring zijn over je eigen gevoelens en je afvragen wat de ander nou werkelijk van je vindt. Je eigen emoties zijn vaak lastig te duiden: of je ze nu moet indelen in de categorie 'verliefd' of gewoon als 'toevallige aantrekkingskracht en klik' kan een netelige kwestie zijn.

Het gebeurt ook wel dat de verliefdheid niet synchroon verloopt: soms is de één heel erg verliefd, terwijl de ander meer afwachtend is en eerst veroverd moet worden. In de praktijk worden de meeste mensen verliefd op een partner met dezelfde etnische en sociale achtergrond, met een vergelijkbare intelligentie, opleiding, aantrekkelijkheid en overeenkomstige normen en waarden.

Kortom: verliefdheid heeft een aantal algemene kenmerken, wordt heel intens beleefd en kan jouw normaal gesproken redelijke kijk op de ander, en op de dingen om je heen, behoorlijk doen verkleuren.

Verliefd worden op een narcist

We gaan nu na of verliefdheid op een narcist op dezelfde manier verloopt als hierboven beschreven en zo niet, wat dan de verschillen zijn.

De zelfverzekerde, indringende en diepe blik, het hemd dat steeds een knoopje te ver openstaat op de gebruinde

2 Bekoring

huid, de zelfbevestiging van een onneembare vesting... Of precies andersom: de schuchtere, zich eeuwig verontschuldigende glimlach, het frêle van een mooie, maar toch zo kwetsbare verschijning, de bekoring van een eenzaamheid die erom vraagt doorbroken te worden...

Deze prozaïsche kenschets van bekoring bij de twee bekende typen narcisme die we in hoofdstuk 1 bespraken – het openlijke en verborgen narcisme – is van psychiater Patrick Vandermeersch.

Is verliefd zijn op een narcist, meestal achteraf beschouwd, tóch net een beetje anders? We nemen aan dat de verliefdheid in het begin er net zo uitziet als in iedere andere relatie, met wederkerige aantrekkingskracht en bekoring. Hierin worden we bevestigd door onze uitgebreide interviews met 25 partners van narcisten.

Frederike [42 (juriste), 10 jaar relatie met narcist (salesmedewerker)]: Ik dacht: dit is hem... DIT IS HEM! Hij was heel fysiek, heel close, ook emotioneel. Hij boekte al heel snel een weekendje samen weg. Het leek vertrouwd, en dat bleek het ook te zijn.

Kees [45 (jachtopziener), 7 jaar relatie met narciste (docent)]: De eerste weken met haar waren één groot feest en ik was ook al heel snel méér dan verliefd op haar.

Saartje [62 (administratief medewerker), 33 jaar relatie met narcist (ondernemer)]: Ik had moeilijke relaties... Eindelijk zag ik dat het fijn was, ik was zo verliefd. Na drie dagen zei hij: 'Zullen we gaan trouwen?' Ik ben niet meer weg geweest... In het begin was ik heel erg happy, ik was tot over mijn oren verliefd.

Deze citaten getuigen van 'normale' verliefdheid. Maar waarin wijkt de verliefdheid bij een narcist dan wél af van gewone verliefdheid?

Bij deze knapperd voel ik mij de koning te rijk

De verzameling door de partners aan de narcist toegekende eigenschappen die wij tegenkwamen in de interviews, is welhaast jaloersmakend. Hij blijkt te beschikken over een rijk arsenaal aan positieve eigenschappen. Maar dat is bij gewone verliefdheid ook zo. Waarin het verschilt, is dat de narcist in de interviews bijna zonder uitzondering wordt betiteld als charmant, mooi en aantrekkelijk. Bijna alle mannen en vrouwen worden als 'knap' beschouwd.

Andrea [61 (medisch adviseur), 12 jaar relatie met narcist (directeur)]: Met zijn charmes en zijn charisma was hij ook nog eens heel geïnteresseerd in mij.

Erica [59 (hoofd pr), 30 jaar relatie met narcist (horeca-ondernemer)]: Hij was heel charmant, hij deed dat een beetje gespeeld onhandig en jongensachtig: 'O, is dat is zo?' De vrouwen om hem heen smolten dan, en ik ook.

Anke [49 (verpleegkundige), 15 jaar relatie met narcist (consultant)]: Ik vond hem zó charmant, nog steeds, ik val steeds nog steeds op dit uiterlijk, mediterraan.

Belinde [46 (persoonlijk assistent), 18 jaar relatie met narcist (verkoper)]: Ik werd verliefd op zijn uiterlijk, hij had lang donker haar, hij leek een halve Spanjaard, het was een knappe man. Hij had humor. Hij gaf mij het gevoel dat ik alles voor hem was.

2 Bekoring

Marianne [61 (psycholoog), 20 jaar relatie met narcist (directeur)]: Voor mij was het de combinatie van gevoelig én mannelijk! Lichamelijk was hij aantrekkelijk... hij was knap.

Stef [60 (geestelijk verzorger), 7 jaar relatie met narciste (secretaresse)]: Ik vond haar een prachtige vrouw, hééi charmant en ook nog eens verbaal sterk.

Frenske [48 (hrm-adviseur), 12 jaar relatie met narcist (medisch specialist)]: Op feestjes en in gezelschap trok hij als aimabele en charmante man alle aandacht naar zich toe.

Tinke Jo [68 (zorgmedewerker), 2 jaar relatie met narcist (directeur)]: Hij was charismatisch, donker en mooi. Hij was de prins op het witte paard. Op straat riep hij: 'Ik houd van je.' De mensen om ons heen begonnen allemaal te applaudisseren.

Saartje [62 (administratief medewerker), 33 jaar relatie met narcist (ondernemer)]: Wat mij aantrok in hem was zijn charme, hij was voorkomend, en dan zijn leuke leven...

Aljo [55 (inkoopmedewerker), 38 jaar relatie met narcist (ondernemer)]: Ik vond hem knap, het was vooral zijn uiterlijk... Hij was charmant en deed heel leuk tegenover anderen. Iedereen wilde hem graag erbij hebben, iedereen had schik met hem. Hij had humor. We konden heel goed samen leuke dingen doen, dat was gezellig.

Wat opvalt in de interviews, is dat de bekoring bij de narcist in het begin van de relatie vooral zit in uiterlijke kenmerken en zichtbaar gedrag: de verschijning, een leuke babbel, veel charme, kunnen imponeren, veel charisma. Deze geweldige zelfpresentatie van de narcist wordt trouwens ook ondersteund door een recent gehouden onderzoek van hoogleraar Roos Vonk, waarin is aangetoond dat mannelijke narcisten het beter doen in speeddate-settings doordat ze charismatischer overkomen. Ze kleden zich leuker, ze stralen meer zelfvertrouwen uit, ze maken makkelijk contact en hebben een geanimeerde conversatie. Op foto's zijn ze niet per se fysiek mooier dan niet-narcisten, maar ze besteden meer aandacht aan hun uiterlijk en door hun lichaamstaal en hun lossere stijl komen ze wel aantrekkelijker over: ze hebben meer charme.

In het begin van de relatie met de narcist voel je je dan ook de koning te rijk; je hebt nog nooit zo'n leuke, attente, lieve, zorgzame man ontmoet. Hij lijkt alles op een rijtje te hebben, hij is succesvol, sociaal vaardig en de gangmaker op elk feest. Ook je vrienden en familieleden zijn onder de indruk. Is je gevoel wel normaal? Of ben je in de ban geraakt?

Jouw verliefdheid en de hormonen
Wat je voelt bij verliefdheid wordt grotendeels bepaald door je hormonen, zo blijkt uit onderzoek naar verliefdheid. Die hormonen zorgen ervoor dat je alsmaar bij die ander wilt zijn, dat je genoeg energie hebt om je flink uit te sloven en dat je in enigszins benevelde toestand verkeert, waardoor je minder oog hebt voor de gebreken van de ander.

Interessant, maar ook wel enigszins verontrustend, is dat uit hersenonderzoek is gebleken dat verliefdheid bepaalde gebieden in de hersenen activeert, maar ook andere gebieden min of meer uitschakelt. En in die gebieden bevinden zich nu juist het beoordelingsvermogen en de impulsbeheersing. Bij verliefde mensen worden deze gebieden enigszins verdoofd. Ze kunnen daardoor minder goed rationeel denken en vertonen nogal impuls-gestuurd gedrag. Ze beleven hun emoties intens en hun blik raakt beneveld en selectief; ze idealiseren de ander.

Bij jouw verliefdheid op de narcist heeft dat gevaarlijke kantjes. Omdat je geweldige gevoel zo overheersend is, ben je minder goed in staat om eventuele tegenstrijdigheden in zijn gedrag op te merken, bijvoorbeeld het enerzijds sterk kunnen imponeren en het anderzijds minder goed een intiem gesprek kunnen voeren. En minder positieve aspecten zie je gewoon niet eens! Dat heeft te maken met wat men in de sociale psychologie het 'halo-effect' noemt. Daarmee wordt bedoeld dat de aanwezigheid van een bepaalde vermeende geweldige kwaliteit in de ander, bij jou als waarnemer de suggestie teweegbrengt dat andere kwaliteiten óók aanwezig zijn. De ander krijgt als het ware een 'heiligenkrans' of 'halo' om zijn nek of boven zijn hoofd.

Eenvoudig gezegd: niet alleen zijn uiterlijk, maar werkelijk álles aan degene op wie je verliefd bent is in één woord geweldig! Je begrijpt: er wordt op die manier een nogal geïdealiseerd beeld van de ander opgebouwd. Tekortkomingen worden minder gezien, weggepoetst of beschouwd als 'schattig', 'speciaal' of 'charmant'. 'Liefde maakt blind' is dan ook de volkswijsheid.

En ophemeling van de narcist door jou is precies waarnaar hij op zoek is.

Achteraf: hoe kon het dat ik me zo liet inpakken?
Veel partners van narcisten vragen zich naderhand af: 'Hoe komt het dat ik me in die eerste periode zo gemak-

kelijk door hem liet verleiden?' Het korte antwoord is volgens wetenschapsjournalist Peg Streep, die zich uitvoerig heeft verdiept in onderzoek naar verliefdheid op en bij narcisten: 'Niets wat de narcist zegt of doet is wat het lijkt, want hij/zij is een rasmanipulator en lijkt charmant en betrokken.' De verliefde ziet de narcist zelfs als geïnteresseerd en gevoelig, wat hij écht niet is.

Het meer uitgebreide antwoord op deze vraag kan samengevat worden in de volgende vijf punten, ontleend aan onderzoek naar het hoe en wat van de charme van de narcist in het begin van een relatie.

Charme van de narcist
1. De narcist zal qua zelfpresentatie niets nalaten om maar door jou bewonderd te kunnen worden.
2. Zijn vrijmoedigheid en makkelijke aanspreekbaarheid geven het idee dat hij een prima maatje voor jou kan zijn.
3. De narcist is een expert in het spelen van spelletjes, waarbij werkelijke intimiteit en betrokkenheid worden vermeden, maar waarin hij gericht is op het krijgen van aandacht en seksuele bevrediging.
4. Wat betreft het 'technische' niveau: de narcist is een expert in bed, wat op jou als partner in het begin best indruk maakt (hoewel men ook aangeeft echte intimiteit en het gewone 'knuffelen' te missen!).
5. De narcist idealiseert en spiegelt jou; als jij de overdreven gestes snel doorziet, zal hij zich daarop aanpassen. Het is heel goed mogelijk dat hij zich dan bescheiden opstelt; niet iedere narcist zal proberen zich te onderscheiden met dure auto's, maatpakken, gadgets of luxe vakantiebestemmingen, ook al wordt dit wel vaak gedacht.

Je ziet het: al deze eigenschappen van de narcist maken het begrijpelijk dat jij je liet bekoren en achteraf het idee kreeg dat je je hebt laten inpakken. Heel soms voel je dat er iets niet klopt.

Kees [45 (jachtopziener), 7 jaar relatie met narciste (docent)]: Mijn intuïtie... er klopt iets niet. Bijvoorbeeld op vakantie: ze had altijd commentaar dat het met andere vrienden beter/meer was. Niet met een scooter op Ibiza zoals met mij, maar met een zeilboot eromheen zoals met x. Niet mijn autootje, waar ik tevreden mee was, maar een auto van vriend F., waarvan de ramen automatisch sloten. Enzovoorts. Allemaal steekjes in mijn ziel.

Hij kiest juist jou
Een andere mogelijke oorzaak van 'je ingepakt voelen' ligt in het volgende. Onderzoek laat zien dat narcisten nogal vaak vallen op vrouwen met een voor hen aantrekkelijke status (*trophy wives*). Ze beschouwen hun partner als 'decoratiemateriaal' dat hun eigen sociale status en bijzonderheid onderstreept.

Sjoukje [53 (facilitair manager), 11 jaar relatie met narcist (arts-bestuurder)]: Hij voelde zich aangetrokken tot mij omdat ik economisch zelfstandig was. Ik had een groot mooi huis, woonde alleen, in een goede omgeving.

Andrea [61 (medisch adviseur), 12 jaar relatie met narcist (directeur)]: Ik had een academische titel. Dat telde erg mee in zijn familie. Ik was economisch zelfstandig. Dat zocht hij, na zijn vorige relaties, die 'geprobeerd hadden hem kaal te plukken'. Hij wilde geen afhankelijke vrouwen meer.

Frenske [48 (hrm-adviseur), 12 jaar relatie met narcist (medisch specialist)]: Hij zei nota bene zelf in het begin van onze relatie dat mannen een vrouw kiezen vanwege de status.

Johanne [57 (docente), 7 jaar relatie met narcist (directeur)]: Ik kwam uit een rijke familie, met geld en een goede naam. Ik voelde dat hij daar trots op was, ook al zei hij dat niet zo expliciet.

Jij maakt hem op zijn aantrekkelijkst mee

Ten slotte geven we nóg een mogelijke oorzaak voor jouw gevoel achteraf, dat je je hebt laten inpakken door de narcist. In de verliefdheidsfase zie je namelijk de aantrekkelijke kanten van de narcist op zijn sterkst: hij bezorgt jou als partner een geweldig gevoel, geeft je wat je nodig hebt. In deze fase zijn de kwaliteiten van de narcist écht om van te genieten, en voor de partner is het heerlijk om zich daaraan te laven! Gevoelens kan hij voorwenden, hij is in deze fase van wederzijdse bekoring in staat om over gevoelens te praten en gevoelig en geïnteresseerd over te komen.

Hoe dat gedrag van de narcist zich verder in de relatie manifesteert, en vooral hoe jij als partner mogelijk daarmee omgaat, vertellen we in de volgende hoofdstukken.

'Heerlijk
dat hij
zo
de leiding
neemt!'

3
INGESPONNEN RAKEN

Nadat de eerste heftige verliefdheid achter de rug is, gaat de relatie met de narcist in ogenschijnlijk wat rustiger vaarwater verder. Wat is in die rustiger fase het typerende gedrag van de narcist, en hoe ga je daarmee om?

Zoals we eerder zagen, zoekt de narcist steeds nadrukkelijk naar bevestiging van wie hij denkt te zijn. In de liefdesrelatie zoekt hij die bevestiging bij jou als partner. Je vervult dus – aanvankelijk ongemerkt – een rol bij die bevestiging, en dat wordt vooral duidelijk in de fase ná de eerste verliefdheid. Vergelijk het met een spin die zijn web weeft, waarbij jij langzaam maar zeker ingesponnen raakt. Waarom weeft de narcist dat web en waarom heeft hij jou nodig om 'in te spinnen'? Op welke manier weeft hij zijn web? Hoe laat jij je inweven? En probeer je los te komen? Daarover gaat dit hoofdstuk.

Waarom weeft de narcist het web?
Alles wat de narcist doet, staat in het teken van het krijgen van bevestiging. Hij overdrijft zijn prestaties, verwacht dat hij behandeld wordt alsof hij boven alles en iedereen staat, is verslaafd aan aandacht en extreme bewondering, verwacht dat jij als partner altijd maar meegaat in zijn wensen en verwachtingen – en dat alles zonder al te veel wederkerigheid en met weinig of geen empathie van zijn kant. Tegelijk voelt hij een grote innerlijke leegte en zijn er gevoelens van minderwaardigheid, die hij voor de buitenwereld verbergt (Appelo, 2013; Van Oers, 2016).

Die schijnbare tegenstrijdigheid – tussen ogenschijnlijk veel zelfvertrouwen en een diep innerlijk gebrek aan eigenwaarde – wordt ook wel de 'narcistische paradox' genoemd. Maar met een paradox valt moeilijk te leven. Daarom is het voor de narcist een levensnoodzaak om zijn omgeving zo te beïnvloeden en te vormen dat die bijdraagt aan het niet-ervaren, of zelfs aan het oplossen, van die paradox. Met het beïnvloeden van de omgeving bedoelen we allereerst jou als partner, maar ook de vrienden, familie, maatjes van de sportclub, eventueel de collega's op het werk, onder- en bovengeschikten.

Hij weeft een web om daarin de subjecten (voor hem vooral objecten) te lokken en te vangen die kunnen bijdragen aan bevestiging van zijn zelfbeeld en aan het oplossen van zijn narcistische paradox. Jij als partner bent daarin het belangrijkste hulpmiddel. Hij zal dus ook zuinig op je zijn, vanwege jouw status als handlanger bij de zelfbevestiging. En dus zal hij je aanwezigheid en beschikbaarheid in deze fase koesteren en je met de nodige voorzichtigheid inspinnen. Want eventuele aanvallen op dat grandioze zelfbeeld door ánderen vallen nog wel te pareren, bijvoorbeeld door ze belachelijk te maken en daarmee hun kritiek te ontzenuwen. Of door hun kritiek te bagatelliseren, in vaak ogenschijnlijk grappige, maar ook vaak ruwe en imponerende bewoordingen. Maar jou als liefdespartner meekrijgen in het Grote Verbond Tot Behoud Van Het Grandioze Zelfbeeld... dat is andere koek, en vergt vanuit de narcist méér tact.

Het web dient dus zorgvuldig gesponnen te worden! Geleidelijk aan en niet te opvallend – zodat je het niet doorhebt – zal hij je daarom inspinnen in het web dat hij weeft.

Op welke manier weeft de narcist zijn web?
We onderscheiden drie manieren waarop de narcist de 'kleefdraden' maakt waaraan jij zou kunnen blijven plakken, zodat hij je daarna kan inspinnen: via activiteiten en zijn leefwereld, via status en weelde en – de meest venijnige en subtiele – via de communicatie en interactie.

1. Via activiteiten en zijn leefwereld
Het leven met een narcist is voor jou in deze fase vaak kleurrijk en avontuurlijk. Het kan zijn dat je deelgenoot wordt van een ogenschijnlijk interessant leventje van een persoon die dingen doet die jij niet gewend bent.

Johanne [57 (docente), 7 jaar relatie met narcist (directeur)]: Op feestjes en in gezelschap trok hij alle aandacht naar zich toe. Hij had vaak de lachers op zijn hand. Het is leuk om in het gezelschap van zo'n man te verkeren. Het straalt toch ook een beetje op jou af... Je voelt je óók trots.

Kees [45 (jachtopziener), 7 jaar relatie met narciste (docent)]: De eerste maanden voelde ik me wat de seks betreft net een kind in een snoepwinkel! Zij zag er mooi uit, had pikante lingerie, ik mocht alles en dat was ik in mijn vorige relatie niet gewend.

Andrea [61 (medisch adviseur), 12 jaar relatie met narcist (directeur)]: Hij was vrolijk en geanimeerd in het begin. Er was altijd wel reuring rondom hem... Er waren feestjes, borrels, etentjes. We gingen veel uit eten, een soort luxe die ik niet kende. Ik was de vrouw van ..., ik mocht ook mee op bedrijfsuitjes en zo. Dat trok absoluut aan. Verder had hij een gezellige familie, vond ik toen. Er was altijd wel iets te beleven, we zaten zelden rustig thuis.

Sjoukje [53 (facilitair manager), 11 jaar relatie met narcist (arts-bestuurder)]: De leuke dingen waren dat ik mee mocht naar alle events en conferenties. Ik heb alle shows, events en musicals die je kunt bedenken, gezien.

2. Status en weelde

De narcist omringt zich met materiële zaken en laat het breed hangen; de ogenschijnlijke status en de materiële welstand geven het door hem gewenste aureool. De kans is groot is dat je meelift in zijn kleurrijke bestaan en dat kan jou best een goed gevoel geven:

Saartje [62 (administratief medewerker), 33 jaar relatie met narcist (ondernemer)]: Zijn leuke leven trok mij aan. Hij zat in allerlei leuke verbanden en verenigingen. Ik praatte met iedereen. De kinderen kwamen in het weekend. Ik had een taak.

Frederike [42 (juriste), 10 jaar relatie met narcist (salesmedewerker)]: Gelijkwaardig... ik werd door hem gezien als gelijkwaardig in het sociale verkeer. Dat had ik in mijn vorige relatie niet. Hij was oprecht geïnteresseerd. Hij gaf mij de ruimte. 'Doe lekker je ding.' Hij gunde mij dat. Ik was bezig met een belangrijke klus en hij gaf mij de ruimte ervoor. Dit is hem, dat dacht ik.

Aljo [55 (inkoopmedewerker), 38 jaar relatie met narcist (ondernemer)]: Iedereen wilde hem graag erbij hebben, iedereen had schik met hem... humor... Leuke dingen konden we heel goed samen doen, dat was gezellig. In het begin... hij introduceerde mij overal. Daarom voelde ik me trots. Wij waren een leuk stel. Er was speelsheid, het was avontuurlijk, dat ben ik ook. We hadden lol en plezier. Er was ook veel geld en luxe. Hij had een mooi leven, verre vakanties met eersteklas hotels.

3. Communicatie en interactie

Het ingesponnen worden gebeurt niet alleen doordat de partner opgenomen wordt in de activiteiten van en rondom de narcist, in zijn leefwereld en door de aanpassing aan zijn wensen. Fundamenteler en indringender is zijn wijze van communiceren die maakt dat jij gaandeweg ingesponnen wordt.

In elke situatie waarin jullie samen terechtkomen, presenteert hij zichzelf op een manier die niet alleen zijn eigen beeld bekrachtigt ('Ik ben de mooiste, de beste, de leukste, ik ben de baas' en alle variaties daarop), maar die ook jou als partner dwingt om dat te bevestigen. In de manier van communiceren met jou zijn terugkerende patronen te herkennen, die voor de narcist de functie hebben om bij te dragen aan zijn innerlijke drang naar zelfbevestiging en jou daarvoor te gebruiken. Hij houdt jou daarmee als het ware op je plaats in het web. Het is niet ondenkbaar dat je dat in deze fase niet of nauwelijks merkt. Áls je het al merkt, vind je het misschien wel best, want het geeft ergens wel een gevoel van veiligheid. Wél kun je soms doorhebben dat de manieren waarop hij je in het web houdt 'raar' zijn en onprettig aanvoelen; dit is vooral zichtbaar en voelbaar in de communicatie.

Jouw relatie met de narcist kan specifieke kenmerken hebben: bepaalde patronen, een strakke verdeling van onder- en bovenpositie, en jouw mogelijke meegaan in zijn relatiedefinitie. We leggen elk van deze kenmerken uit.

Communicatiepatroon tussen jou en de narcist

Er zijn verschillende manieren waarop de communicatie tussen de narcist en jou kan verlopen.

Een veelvoorkomend patroon in deze fase is het ontkrachten of invalideren van wat jij zegt.

Andrea [61 (medisch adviseur), 12 jaar relatie met narcist (directeur)]: Vaak reageerde hij, als ik iets zei, met: 'O, dat is niet belangrijk. Onzin!' Of hij zei het subtieler: 'Nee, lieverd, dat snap je echt verkeerd, ik zal het je nog een keer uitleggen hoe het echt is.'

Babette [48 (stewardess), 4 jaar relatie met narcist (piloot)]: Hij kon écht op zo'n bevelende toon zeggen: 'We hebben een perfecte relatie' en daarmee veegde hij al mijn onvrede van tafel.

Esther [61 (docente), 12 jaar relatie met narcist (consultant)]: 'Ik zal het wel even duidelijk uitleggen, op de manier zoals jij het vertelt snapt die mevrouw jou niet.'

De narcist zegt als het ware: 'Ik wil dat jij mij ziet als ... (geweldig, grandioos et cetera) op een vrij vanzelfsprekende toon, subtiel en een beetje dwingend.' Dit alles wordt meestal niet letterlijk gezegd, maar het is de toon die de muziek maakt. In de communicatietheorie wordt dit het betrekkingsaspect genoemd, als onderscheid met het inhoudsaspect.

Onder- en bovenpositie
Zoals opgemerkt, heeft elke vorm van communicatie twee aspecten: een inhoudsaspect en een betrekkingsaspect. Bij de inhoud gaat het om de letterlijke boodschap, de feitelijke informatie, die voornamelijk verbaal wordt overgebracht. Het betrekkingsaspect verwijst naar de wijze waarop het bericht moet worden opgevat. Dit betrekkingsaspect kan verbaal en non-verbaal worden overgebracht. Het betrekkingsaspect laat zien hoe de relatie tussen de communicerende personen is. Lees maar eens het volgende (vrij onschuldige) voorbeeld:

Op een verjaardag komt het gesprek op vakanties. Evelien vertelt dat zij en haar man drie jaar geleden op een wereldcruise zijn geweest: 'Dat was geweldig.' Dan zegt Gustaaf, haar man: 'Je vergist je schat, dat was niet drie jaar geleden, maar twee jaar geleden en toen deden we niet die wereldcruise, maar de zeecruise', waarop Evelien weer zegt: 'Nee hoor, het was de wereldcruise en trouwens het was niet twee jaar geleden, maar drie jaar geleden.'

Qua inhoud lijkt het alsof Evelien en Gustaaf alleen maar zakelijk willen vaststellen waar en wanneer zij deze cruise hebben gedaan. Maar ze laten meer zien dan dat: ze zijn op hetzelfde moment ook nog bezig met de vraag hoe ze hun onderlinge relatie willen definiëren. Als Gustaaf zijn vrouw corrigeert, geeft hij impliciet aan dat hij van hen beiden de zaken het best op een rijtje heeft. En Evelien kan kwaad zijn over zijn reactie en hem op z'n plaats willen zetten, omdat ze het daar niet mee eens is.

Nu geven mensen op dat betrekkingsniveau elkaar voortdurend (impliciet) omschrijvingen van hun relatie en daarmee van zichzelf. Of, anders gezegd: over en weer geef je in een relatie altijd – onbewust, meestal non-verbaal – boodschappen en signalen hoe je door de ander gezien wilt worden, en hoe je de ander ziet.

Door bestudering van problematische huwelijksrelaties, zoals die met een narcist, is gebleken dat die relatiedefiniëring uiterst ziekmakend kan zijn voor de ander, en de relatie kan ontwrichten. Met name is dat het geval als de narcist jou een relatiedefinitie opdringt die voor jou niet klopt. Bijvoorbeeld: 'Zie mij als de geweldige persoon, en behandel mij in alle opzichten als zodanig.' Je kunt er zonder meer van uitgaan dat een eventuele ontkenning door jou, of het op zijn minst ter discussie stellen van die relatiedefinitie, leidt tot tegenacties (negeren, belachelijk maken, kleineren). De narcist reageert vanuit de 'bovenpositie'; dat is een heel karakteristieke relatiedefinitie van hem. Hij wil als de sterkste gezien worden en daarmee word jij in de 'onderpositie' geplaatst (en daar láát je je plaatsen, zoals we verderop zullen zien). Kenmerkende zinnen (uit de interviews) voor die bovenpositie zijn:

'Tja, als je zo naar mij blijft kijken, dan geef je me geen kans.'
'Je moet dingen niet zo zwaar maken.'
'Je bent negatief, daar krijg ik geen energie van.'
'O nee, onzin wat je zegt. Dat is niet belangrijk.'
'Als je onzeker van me wordt, tja... dan was je wellicht altijd al wat onzeker.'

Heel lastig om te reageren wordt het voor jou als de narcist zijn opmerking ook nog eens 'lief' verpakt: 'Nee, lieverd, dat snap je echt verkeerd.'

Het effect van zijn gedrag vanuit de 'bovenpositie' op jou is dat jij je mogelijkerwijs in de 'onderpositie' laat plaatsen, en misschien zelfs gaat twijfelen aan je eigen standpunten. De kans is dan groot dat je inbindt en dimt.

'O, zo bedoel ik het eigenlijk ook niet.'
'O ja, misschien wel.'
'Daar zit wat in, in wat je zegt.'
'Wat goed van jou.'
'Ik weet het ook niet precies.'

Wat het voor jou in deze fase nóg ingewikkelder maakt, is dat hij soms ook de onderpositie inneemt en de rol van slachtoffer gaat spelen.

'Ik vind het zo jammer dat we er zo verschillend in zitten, daar baal ik echt van. Ik zou willen dat je het anders zag...'
'Ik voel nu krampachtigheid, het is niet ontspannen, dat is niet goed voor me.'

In dit soort opmerkingen, vanuit de onderpositie, klinkt een licht beschuldigende toon door. De kans is groot dat het effect ervan op jou is dat jij je schuldig gaat voelen en misschien zelfs dat je je verlamd voelt.

Jij gaat ongewild mee met zijn relatiedefinitie
De vorming van de relatiedefinitie (voor hem: 'jij in de onderpositie, ik in de bovenpositie'; en voor jou: 'ik in de onderpositie, jij in de bovenpositie') gaat aanvankelijk geleidelijk, want hij wil jou niet verliezen. Liefdesverlies zal immers betekenen dat hij ook de belangrijkste bron voor zelfbevestiging kwijtraakt! Hij zal jou dus het idee geven dat je weliswaar belangrijk bent en waardevol, maar dan wel – subtiel – onder zijn voorwaarden.

De narcist weeft dus zijn web via het geven van boodschappen die jou verleiden en zelfs dwingen om hem te bevestigen. Als je dat doet – dus als je meegaat met zijn relatiedefinitie, als je die bevestiging geeft – zal vooralsnog zijn dank jouw loon zijn! Het is dan ook niet gek dat je mogelijk ongewild en stilletjes maar meegaat in zijn relatiedefinitie. Want als je zou laten merken dat jij zijn dringende wens (of zelfs bevel) om hem als de beste en de mooiste te zien niet honoreert, zijn écht de rapen gaar!

Dit was een lange toelichting op de kenmerken van de interactie en communicatie tussen jou en de narcist (de patronen, de onder- en/bovenpositie, jouw meegaan in de relatiedefinitie). Maar deze kenmerken ontwikkelen zich zo subtiel, en hebben desalniettemin zulke grote gevolgen, dat het zeker de moeite waard is om er uitgebreider bij stil te staan. Een en ander zou namelijk kunnen verklaren hoe jij als partner gaandeweg vaster en vaster komt te zitten in het web, totdat het je echt gaat beklemmen.

Hoe laat jij je inweven in zijn web?

Het komt erop neer dat de narcist de aard van de relatie bepaalt en de kans is groot dat jij je daarbij neerlegt – althans in deze fase. Misschien komt het je ook wel goed uit: de ogenschijnlijk sterke ander die bepaalt wat er gebeurt en hoe dat verloopt; vooral als het (aanvankelijk) om leuke, mooie dingen gaat. Je bent er ook zelf bij, tijdens dat subtiele inweven in zijn leefwereld en in zijn systeem.

Je ziet het niet
In deze fase van de relatie wordt dat gedrag van hem, dat spinnen van het web en het inspinnen van jou, heel subtiel getoond – zo subtiel dat jij als partner in deze fase waarschijnlijk vaak niet ziet wat er gebeurt. 'Je gaat het pas zien als je het doorhebt,' zei ooit 'onze' Johan Cruijff.

Babette [48 (stewardess), 4 jaar relatie met narcist (piloot)]: Hij bepaalde wanneer we elkaar weer zagen. Als hij wegging bij mij zei hij: 'Ik bel je later wel, ik kijk even wanneer ik weer tijd heb.' Prima, dacht ik toen. Later ben ik gaan inzien dat hij altijd dit soort zaken bepaalde. Ik kon niet een tijd met hem afspreken als ik dat wilde, hoeveel moeite ik daarvoor ook deed. Hij bepaalde.

Andrea [61 (medisch adviseur), 12 jaar relatie met narcist (directeur)]: Hij haalt mij op en zegt: 'We gaan koffiedrinken.' Wat leuk, denk je... Heerlijk, een man die leiding neemt. Je hart maakt een sprongetje. De volgende keer:

*'We gaan zo een hapje doen. Ben je thuis?' 'Nee,' zei ik.
Hij: 'Uhhhh, o ...' Hij was helemaal verbouwereerd dat ik
niet klaarstond. Pas heel veel later realiseerde ik mij dat
hij dus alles zonder overleg doet. Een ander mens zou vragen: 'Zullen we uit eten gaan, en hoe laat?' Nee, hij doet
dat niet. Nooit. Geen overleg. Wat ik in het begin zo aantrekkelijk vond, is een grote valkuil geworden.*

*Johanne [57 (docente), 7 jaar relatie met narcist (directeur)]: Hij had steeds maar kritiek op de schoenen die
ik aanhad. Hij heeft voor mij een ander paar schoenen
betaald. Ik vond dat wel best... Pas achteraf zie ik dat
al zijn zogenaamde cadeautjes bedoeld waren om mij er
mooier uit te laten zien, als het 'mooie vrouwtje-van'.*

*Frenske [48 (hrm-adviseur), 12 jaar relatie met narcist
(medisch specialist)]: Hij commandeerde mij: 'Zoenen, je
moet mijn kennissen zoenen, niet alleen maar een hand
geven.' Ik had niets met die kennissen, zo goed kende
ik ze niet, maar voelde mij gedwongen, dus ik deed het
braaf. Ik voelde me een beetje verward, maar iedereen
leek happy toen ik het gedaan had.*

*Tinke Jo [68 (zorgmedewerker), 2 jaar relatie met narcist
(directeur)]: 'Ik legde het bestek op een verkeerde manier
neer, volgens de regels van de etiquette. Hij corrigeerde
mij op een zeer belerende manier. Ik voelde me een klein
kind, je bent een klein kind.'Hij was heel boos.*

Deze voorbeelden zijn wellicht niet allemaal even spectaculair. Maar als je je realiseert dat bij alle interacties tussen jou en de narcist voortdurend dit subtiele inspinnen aan de orde is, begrijp je hopelijk het effect dat het op den duur op jou kan hebben.

Je vergoelijkt zijn gedrag

Het gedrag van hem geeft jou als partner in deze fase soms een ongemakkelijk gevoel. Maar het is denkbaar dat je je laat inweven door gewend te raken aan zijn verklaringen voor zijn gedrag, zijn mooie woorden. Waarschijnlijk leg je je erbij neer. Het kan zijn dat je in dit stadium nog niet weet welke functie dat gedrag van de narcist vervult, laat staan dat je vermoedt dat dit gedrag later steeds indringender vormen kan gaan aannemen. Het is dus aannemelijk dat je het nare gedrag – áls dat je in deze fase al opvalt – af en toe gaat vergoelijken.

Belinde [46 (persoonlijk assistent), 18 jaar relatie met narcist (verkoper)]: Hij kon heel makkelijk huilen na een incidentje. Hij gaf daarmee de indruk: 'Kijk eens hoe lief ik ben.' Ik vond het zielig, ik gaf dan toe. Wat deed ik: het met de mantel der liefde bedekken. Ik zie dat nu pas, toen niet... Dat gevoel had ik toen niet.

Andrea [61 (medisch adviseur), 12 jaar relatie met narcist (directeur)]: Door de liefde pik je veel van elkaar. Pas als alles voorbij is en je echt afstand hebt genomen, vallen de stukjes op hun plek en zie je het totaal. En dan is het vooral verbazing hoe ik dit heb laten gebeuren. Door de liefde zie je veel door de vingers...

We zien dus dat je je laat inweven in het door de narcist gesponnen web door 1) veelal onbewust mee te gaan met zijn relatiedefinitie en 2) af en toe opvallend gedrag van hem niet te willen zien of 3) het gedrag te vergoelijken áls je het ziet. Want er staat in deze fase nog te veel moois tegenover om moeilijk te gaan doen!

Probeer je los te komen uit het web? Hoe dan?

De narcist weeft met zijn mooie woorden en zijn uiterlijke bekoringen een web van draden en de kans is groot dat jij er gaandeweg meer en meer in vast komt te zitten. Maar al snel merk je dat de draden gemaakt lijken te zijn van materiaal dat niet alleen aantrekt, maar dat ook maakt dat het lastig is om je los te maken – áls je dat al zou willen. Soms beweeg je je misschien even, maar je merkt dan dat hij het web strakker trekt. Je kunt je dus beter rustig houden. Dat die draden je uiteindelijk kunnen verstikken, weet je dan nog niet.

De kans is groot dat je je in deze fase stilzwijgend neerlegt bij het ingesponnen raken. De baten van de relatie zijn op dat moment nog groter dan de kosten. Aan de ene kant is het aannemelijk dat je je laat inweven in het bestaan van de narcist vanwege de bekoorlijke en prettige kanten, aan de andere kant kan het zijn dat je, zonder dat je het doorhebt, onderhevig bent aan subtiele manipulatie door hem. Als jij maar aan zijn zelfbeeld bijdraagt. De latere ellende begint hier sluipenderwijs!

In de interviews die we hielden, vroeg menige partner zich vertwijfeld af waarom ze het inspinnende gedrag niet eerder had gezien en begrepen. In haar ogen was dan de relatie – en wellicht ook haar leven – heel anders gelopen.

Belinde [46 (persoonlijk assistent), 18 jaar relatie met narcist (verkoper)]: We hadden evenveel macht, dacht ik altijd. Hoewel, ik deed toch wel meer zijn zin, nu ik erover nadenk. Als ik zei: 'Zullen we naar Groningen gaan?', dan zei hij: 'Laten we naar Maastricht gaan.' Dat vond ik ook wel een goed idee. Dus wij gingen naar Maastricht.

Dus nu ik erover nadenk, heb ik mij aangepast en hij niet. Stom hè, dat ik mij al die situaties nu pas realiseer.

Helaas! De kans is groot dat je het op dat moment nog niet of nauwelijks doorhebt. Pas achteraf vallen de schellen je van de ogen. Dat sluit aan bij een treffende uitspraak van de filosoof Kierkegaard: 'Het leven kan alleen achterwaarts begrepen worden, maar moet nochtans voorwaarts geleefd worden.'

In het volgende hoofdstuk laten we zien dat het je heel erg kan opbreken dat je niet in de gaten hebt hoezeer je ingesponnen wordt.

'In het begin protesteerde ik nog, dat is eruit geslagen.'

4
BEKLEMMING

D e metafoor van de gekookte kikker:
Een bioloog die geïnteresseerd was in de effecten van temperatuurstijging deed een experiment met kikkers om te testen waar hun temperatuurgrens lag; kikkers kunnen zich immers perfect aanpassen aan hun omgeving. De eerste kikker deed hij in een ruime glazen kom met koud water. De glazen bol was ondiep. De kikker zou er gemakkelijk uit kunnen springen. Hij zette de kom op een zacht vuurtje. Vervolgens verhoogde hij de watertemperatuur telkens met 5 graden Celsius en hij stopte er een andere kikker bij in. Hoe warm het water ook werd, de kikkers bleven allemaal zitten. Op een zeker moment stopte de bioloog weer een kikker in het inmiddels erg warme water. Maar deze kikker sprong er onmiddellijk uit. Hij probeerde nog een andere kikker, maar die deed precies hetzelfde. De kikkers die nog steeds in het hete water zaten, waren inmiddels helemaal suf geworden – niet in staat om ook maar iets te doen. Hier stopte de bioloog zijn experiment, anders zouden de kikkers door oververhitting zijn omgekomen.

Jouw relatie met de narcist zou je kunnen vergelijken met de hachelijke situatie van de gekookte kikker: de omstandigheden worden gaandeweg slechter en je kunt beter ontsnappen. Maar omdat het verslechteren van de relatie zo langzaam gaat, valt het je mogelijk niet op. De kans bestaat dat je allerlei subtiele veranderingen die zich voordoen in het gedrag van de narcist weliswaar registreert, maar waarschijnlijk doe je dit minder bewust.

Mogelijk kun je veel verdragen, omdat je jezelf als een trouwe partner beschouwt. Maar het is niet uitgesloten dat dit ten koste van jezelf gaat. Uiteindelijk wordt het je misschien te veel en durf je de sprong te wagen. Dan kan het zomaar zijn dat je met pijn en kwetsuren eindelijk uit de kom springt. Je hebt jezelf nét niet laten koken! Maar zo ver zijn we in dit boek nog niet. Waarschijnlijk voel je je vooralsnog meer en meer beklemd, raak je als het ware steeds versuft en ben je tot weinig meer in staat.

De relatie met de narcist begon – net als iedere romance – als een sprookje, maar na dat heerlijke begin ontstaat geleidelijk aan en heel subtiel ondermijning van de liefde en ontwrichting van het partnerschap. De kans is groot dat je op subtiele wijze ingesponnen raakt in het web van de narcist. Maar zit je er eenmaal in, dan word je je meer en meer bewust van je gevoel dat je wérkelijk gevangen zit. Je voelt je beklemd en kunt geen kant meer op.

In dit hoofdstuk lees je op welke manieren dit proces veelal verloopt. Je leest hoe de partner klemgezet wordt – of zichzelf misschien wel klemzet. Waarschijnlijk herken je de gevoelens en het denken van de geïnterviewden. Dan ga je misschien begrijpen wat er in deze fase allemaal gebeurd is, of nog steeds gebeurt. Er volgt een opsomming van de werkwijzen van de narcist in zijn omgang met jou, die het effect hebben dat ze jou steeds meer fixeren in je huidige positie en je blijven beklemmen. We noemen al deze werkwijzen van de narcist en van jou vanaf nu 'beklemmers'.

Waardoor raak jij beklemd?
Zoals in hoofdstuk 1 is gebleken, verwacht de narcist behandeld te worden alsof hij boven alles en iedereen staat

(vooral boven jou!), ook al is hier geen daadwerkelijke aanleiding toe. Omdat hij verslaafd is aan aandacht, heeft hij ook nog eens een hang naar extreme bewondering. Hij wil constant en door iedereen (vooral door jou!) geprezen worden en hij verwacht dat jij altijd meegaat in zijn wensen en verwachtingen. Een extra complicerende factor daarbij is zijn gebrek aan empathie, en dan bedoelen we niet schijnbare of geveinsde empathie. Hij kan zich niet in jou verplaatsen en erkent jouw gevoelens niet.

Je kunt ook beklemd raken door zijn grote behoefte aan het krijgen van bevestiging van zijn zelfbeeld. In hoofdstuk 3 kwam de narcistische paradox ter sprake: de schijnbare tegenstrijdigheid tussen enerzijds zijn ogenschijnlijke zelfvertrouwen en anderzijds zijn diepe innerlijke gebrek aan eigenwaarde. Met zo'n paradox valt moeilijk te leven en daarom is het voor de narcist een levensnoodzaak om zijn omgeving zo te beïnvloeden en te vormen dat die bijdraagt aan het oplossen van deze paradox. Namelijk door steeds maar weer het vermeende grandioze zelfbeeld te bevestigen.

De narcist wil dus dat jij zijn grandioze zelfbeeld bevestigt en om te voorkomen dat jij je anders gaat gedragen dan hij voor ogen heeft, stelt hij zich zo op dat jij steeds meer klem komt te zitten. Deze beklemmers zijn:

1. Het ophouden van de 'schone schijn' door de narcist (*keeping up appearances*).
2. Vormen van manipulatie door de narcist (*gaslighting*).
3. Jouw medeafhankelijkheid in de relatie met de narcist (*co-dependency*).
4. Jouw identificatie als 'slachtoffer' met de 'dader'[3] (*Stockholmsyndroom*).

We lichten deze beklemmers toe en illustreren een en ander met citaten uit de interviews.

1. Het ophouden van de schone schijn

De narcist heeft jou nodig voor de vervulling van zijn behoeften. Jullie omgeving (familie, vrienden enzovoort) vervult een belangrijke rol bij zijn streven om jou vast te houden. Een van de manieren waarop dat gebeurt, is dat jij mee moet doen aan het ophouden van de schijn dat alles tussen jullie pais en vree is. De narcist is zeer bedreven in de schone schijn ophouden. Daarmee kan hij bewondering van de buitenwereld oogsten.

Frenske [48 (hrm-adviseur), 12 jaar relatie met narcist (medisch specialist)]: Een gebeurtenis waaruit blijkt hoe belangrijk de buitenwereld voor hem was: we hadden net vriend X afgezet en we zaten in de auto. Hij draaide alle raampjes zo open dat hij lekker koel zat, maar geen last had van de wind. Ik had er met mijn keelpijn wel last van en vroeg of een raampje dicht mocht. 'Nee.' Wat ik ook vroeg, het mocht niet. 'Ik ga dan wel achterin zitten, anders word ik ziek.' 'Prima.' Maar dat wilde ik natuurlijk helemaal niet. Toen gebruikte ik zijn gevoeligheid voor de buitenwereld: 'Wat denk je, als X ziet dat ik achter in de auto zit en jij voorin, dat zal hij toch heel gek vinden?' Wat denk je? Toen mocht ik wel voorin zitten en een raampje ging dicht. Voor de buitenwereld deed hij het wel, voor mij niet.

Saartje [62 (administratief medewerker), 33 jaar relatie met narcist (ondernemer)]: Hij heeft twee gezichten: een voor thuis en een voor buiten. Thuis zie ik het gebeuren...

---

3 In tegenstelling tot wat we aangaven in de inleiding, gebruiken we hier wel de termen 'dader' en 'slachtoffer' omdat dit inherent is aan de beschrijving van dit syndroom.

als er anderen aankomen en vooral belangrijke anderen, trekt hij meteen een ander gezicht. Ik: 'Je krijgt je teflon gezicht weer?' Hij verandert als een blad aan de boom, vooral als het gaat om mensen met status.

Babette [48 (stewardess), 4 jaar relatie met narcist (piloot)]: Toen de relatie voorbij was, had hij binnen no time een nieuwe vriendin. Hij kwam een kennis van zijn voetbalclub tegen en vroeg aan hem: 'Zet jij even op de groepsapp dat ik een nieuwe vriendin heb?' Zó belangrijk was zijn imago. Niemand mocht weten dat hij even zonder zat.

Karin [79 (gepensioneerd), 25 jaar relatie met narcist (verkoopleider)]: Als er anderen bij waren, dan zei hij: 'Geef mij de koffer maar.' Dat deed hij anders nooit. Toen er een vrouw aan de deur kwam, zei hij tegen haar: 'O, ik heb net lekker gestoeid met mijn vrouw' (wat we al jaren niet meer deden).

Esther [61 (docente), 12 jaar relatie met narcist (consultant)]: Alles draaide voor hem om de buitenwereld. We zitten aan een tafeltje tegenover elkaar in een restaurant, hij in elkaar gezakt en stil. Opeens hoort hij achter zijn rug bekenden binnenkomen. Hij gaat meteen rechtop zitten en begint geïnteresseerd en enthousiast met mij te praten. Ik zie opeens een hele andere man. Hij draait zich om naar die bekenden en is de charme zelve. Opeens zag ik hoe hij tegenover mij voor de buitenwereld mooi weer speelde.

Lilian [50 (vertaler), 21 jaar relatie met narcist (arts)]: Het moet hem niets kosten, geen extra moeite. Hij zei: 'Ik doe toch genoeg.' Hij had er niets voor over. Hij vergat bijvoorbeeld onze kinderen op te halen. Op een bepaald moment ben ik gaan zien dat hij wel voor de goede sier dingen wilde doen, als mensen maar zagen wat hij deed. Alles voor de bühne.

De kans is groot dat jij, als je het doorkrijgt, je beklemd voelt bij het ophouden van de schone schijn. De omgeving zal eventuele minder positieve opmerkingen van jou over de narcist of over de relatie bagatelliseren of zelfs ontkennen: 'O, maar het is zo'n leuke man.' Het gevolg kan zijn dat jij daarmee het idee krijgt dat je spelbreker bent in een door hem en de omgeving gedeelde kijk op jullie relatie en alle facetten die daaraan verbonden zijn.

Lucy [55 (verpleegkundige), 34 jaar relatie met narcist (projectontwikkelaar)]: Ik weet nog een heel pijnlijk moment. Hij stond op te scheppen in de kroeg tegenover twee jonge vrouwen, die hij ook min of meer coachte (hij meende dat hij iedereen kon coachen). Hij stond op te scheppen hoe hij onze relatieproblemen oploste: door mij tegen zich aan te drukken. Lichamelijk contact is heel belangrijk, gaf hij aan. De jonge vrouwen keken smachtend naar hem en vertederd naar mij, wat leek ze dat heerlijk! Maar ik ging door de grond: het zat namelijk heel anders... We hadden heel veel relatieproblemen, praten lukte niet, hij drukte mij altijd tegen zich aan en smoorde mij min of meer. Praten erover kon hij niet! Wat een afschuwelijk moment was dat.

Anke [49 (verpleegkundige), 15 jaar relatie met narcist (consultant)]: In het begin was ik nog duidelijk en protesteerde, dat is minder geworden, dat is eruit geslagen. Niet geslagen... niet fysiek. Had hij dat maar gedaan, dan was het zichtbaar geweest voor anderen. Toen ik wegging zeiden anderen: 'Maar jullie zijn zo'n leuk stel.'

De psychische druk vanuit de omgeving en van hem om je te conformeren aan het mooie plaatje, aan de schone schijn, is groot. En de verleiding kan heel groot zijn om je daar voorlopig maar bij neer te leggen.

2. Vormen van manipulatie (*gaslighting*)
In het repertoire van elke narcist is manipulerend gedrag standaard aanwezig. De vormen van manipulatie variëren van heel subtiel tot grof en dreigend. Het gemeenschappelijke effect ervan op jou is dat jij gaat twijfelen aan jouw eigen gedachten, je gevoel en je acties. De kans is groot dat jij je dan schuldig gaat voelen, terwijl je niet weet waarom. Voor je het weet, heeft hij je misschien wel zo ver dat je zelfs je excuses gaat aanbieden voor jouw gedrag.

Het is ook niet uitgesloten dat je bepaalde angsten gaat ontwikkelen, zoals de angst om een eigen mening naar voren te brengen, want misschien heb je het wel helemaal mis bij wat je denkt of voelt. Of je kunt je een situatie waarover hij het heeft niet meer zo goed herinneren. Je gaat steeds vaker twijfelen aan jouw beeld van de werkelijkheid en op den duur kun je je zelfs angstig, verward en/of depressief voelen. Dit wordt ook wel het 'gaslight-effect' genoemd, en het manipuleren 'gaslighting', naar de film *Gaslight*.

> **De film** *Gaslight*
> *Deze klassieker uit 1944 gaat over Paula, een jonge kwetsbare zangeres (gespeeld door Ingrid Bergman). Zij trouwt met Gregory, een charismatische mysterieuze oudere man (gespeeld door Charles Boyer). Zonder dat ze het doorheeft, probeert de man van wie ze zo veel houdt haar tot waanzin te drijven om zo haar erfenis in de wacht te slepen. Hij zegt voortdurend dat ze ziek en kwetsbaar is, verplaatst continu allerlei spullen in huis en zegt dan dat zij het heeft gedaan. Het gemeenst van alles is dat hij de gastoevoer manipuleert, zodat zij ziet dat de lampen om onverklaarbare redenen zwakker branden. Paula is volledig in de ban van het duivelse gedrag van haar man en gaat echt denken dat ze gek aan het worden is. Ze is verward en bang, gedraagt zich hysterisch en wordt inderdaad ook de breekbare, gedesoriënteerde persoon die ze volgens Gregory is. Ze zoekt wanhopig naar zijn bevestiging en ze wil dat hij zegt dat hij van haar houdt, maar hij weigert steevast en zegt voortdurend dat ze psychisch gestoord is. Ze komt pas weer bij haar gezonde verstand en krijgt haar zelfvertrouwen weer terug als een politie-inspecteur haar verzekert dat ook hij ziet dat de lampen zwakker branden.*

Deze geraffineerde vorm van manipuleren (*gaslighting*) is in zekere zin een vorm van psychologisch misbruik, waarbij jouw psyche zodanig wordt gemanipuleerd dat je je zelfvertrouwen verliest en gaat twijfelen aan je eigen geheugen, je waarnemingen en ten slotte aan je gezonde verstand. Jij bent je vaak niet bewust van de subtiele, dreigende en geraffineerde manieren waarop dat gebeurt, en dan kan het gruwelijk misgaan met jou als partner. De film laat dit op niet mis te verstane wijze zien.

Dit zijn de meest voorkomende vormen van gaslighting, zoals die uit de interviews naar voren kwamen. We bespreken ze stuk voor stuk:

- verwarring veroorzaken
- aanmerkingen, kritiek en kleineren
- jou niet serieus nemen
- subtiele dreigementen
- de schuld op jou afschuiven
- jou klein houden en dan jou 'redden'
- jou tot dader maken

Verwarring veroorzaken
Narcisten zijn vaak behendig met taal en woorden. De narcist gebruikt archaïsche of geestige woorden, zet humor in. Hij is daarmee ook een meester in het afleiden van een onderwerp. Als jij hem wilt confronteren, zul je merken dat hij hier niet op reageert. Binnen de kortste keren praat hij over een onderwerp dat er helemaal niets mee te maken heeft.

Aljo [55 (inkoopmedewerker), 38 jaar relatie met narcist (ondernemer)]: Bij onenigheid praatte hij net zo lang totdat ik niet meer wist waar het over ging. Dan liet ik het gaan… Ik voelde mij heel naar en verdrietig. Ik kon niet huilen.

Andrea [61 (medisch adviseur), 12 jaar relatie met narcist (directeur)]: Bij ruzies, die we steeds vaker kregen, was hij net zo lang aan het zwetsen totdat ik de draad kwijtraakte. Hij bleef maar praten en praten. Uiteindelijk gaf ik maar desperaat op.

Anke [49 (verpleegkundige), 15 jaar relatie met narcist (consultant)]: Hij ouwehoert me suf, ik weet het dan effe niet meer… Waar gaat het over? En dan gaf ik toe.

Het steeds maar afleiden en ontwijken van voor jou belangrijke onderwerpen kan maken dat je er op het laatst geen zin meer in hebt om nog te praten over conflictjes, of over hoe het gaat tussen jullie. Je denkt waarschijnlijk: 'Laat maar zitten', en daarmee kunnen belangrijke en gevoelige onderwerpen verder vermeden worden.

Aanmerkingen, kritiek en kleineren
Hij maakt voortdurend kleinerende opmerkingen en levert kritiek op je. Daardoor kunnen bij jou gevoelens van minderwaardigheid en onzekerheid ontstaan.

Anke [49 (verpleegkundige), 15 jaar relatie met narcist (consultant)]: 'Alles moest er perfect uitzien voor hem. Kleding enzovoort moest voldoen aan zijn plaatje. En als het niet klopte, dan zei hij iets. Het waren geen leuke grapjes, het waren steken onder water. Als je de verkeerde kleren aanhad, vroeg hij: 'Wat is er hier nu gebeurd?' en dat dan op een zeer geïrriteerde en verwijtende toon.

Engelien [48 (coördinator beheer), 26 jaar relatie met narcist (militair)]: Hij zei tegen mij: 'Je mag blij zijn dat ik met je ben. Ik heb je uit de sloot gevist. Niemand wil je hebben, hoor. Wees maar blij dat ik je nog wil hebben.'

Babette [48 (stewardess), 4 jaar relatie met narcist (piloot)]: Toen ik zijn andere vrouwen 'ontdekte', zei hij tegen mij: 'Als jij mij niet vertrouwt, dan is dat iets van jou, jouw probleem... Ik laat mijn leven niet door anderen bepalen. Als je zo naar mij blijft kijken, dan geef jij mij geen kans.'

Het effect van deze aanhoudende kritiek kan zijn dat jij je steeds minderwaardiger en kleiner gaat voelen. Op den duur ga jij de kritiek misschien zelfs wel geloven.

Jou niet serieus nemen
Stel, je spreekt hem aan op zijn kwetsende opmerkingen. Hij zal dat dan bagatelliseren: 'Het was maar een grapje, om te lachen.' Als jij het dan niet snapt, heb jij volgens hem geen gevoel voor humor. Zijn reactie: 'Sorry, ik wist niet dat jij zo slecht tegen een grapje kon.' Het gevolg kan zijn dat jij je in de verdediging gedrukt voelt, waardoor hij zich sterk voelt.

Belinde [46 (persoonlijk assistent), 18 jaar relatie met narcist (verkoper)]: Vlak na het begin al maakte hij mij belachelijk op feestjes. 'Blond haar en tieten' noemde hij mij tegenover anderen. Toen ik er wat van zei: 'Het is een grapje, daar moet je tegen kunnen.'

Johanne [57 (docente), 7 jaar relatie met narcist (directeur)]: Toen ik uit het ziekenhuis kwam na een zwaar ongeluk, noemde hij mij een oude vrouw. Ik was daar heel erg door geraakt. Hij: 'Wind je niet zo op, het is maar een grapje.'

Frenske [48 (hrm-adviseur), 12 jaar relatie met narcist (medisch specialist)]: Wij zijn op bezoek... Ik hoorde de gastheer tegen hem zeggen: 'Wat fijn dat je F. hebt meegenomen.' Hij: 'Ja, ik heb voor jou een lekker snoepje meegenomen.' Hij doelde op mij, we hadden echt geen snoepjes meegenomen. Het was niet de bedoeling dat ik dit opving, maar ik wist niet wat ik hoorde. Beschamend. Diepe schaamte en vernederend. Toen ik hem erover aansprak, ontkende hij in alle toonaarden, hij had dat niet gezegd. Hoe kwam ik erbij? Hij bleef ontkennen. Na een halfuur gaf hij toe dat hij 'dat misschien wel gezegd kon hebben, maar dat doen mannen onder elkaar. Daar moet je niets achter zoeken.'

Tinke Jo [68 (zorgmedewerker), 2 jaar relatie met narcist (directeur)]: We zagen een vrouw in een rolstoel. Ik zei tegen hem: 'Later, als jij er zo bij zit, dan ik help je.' Hij zei: 'Ik flikker jou zo het raam uit. Grapje, haha.' Ik voelde me zó alleen...

Johanne [57 (docente), 7 jaar relatie met narcist (directeur)]: Als we ruzie hadden en ik wilde erover praten, dan schoof hij het af. 'We praten er later wel over.' Of: 'We gaan zo wel lekker uit eten en bespreken het dan.' Hij nam mij totaal niet serieus.

Door de herhaalde, vernederende manipulaties waarmee hij jou als partner niet serieus neemt, ga jij je steeds meer beklemd voelen. Áls je al iets zou zeggen over zijn gedrag, loop je de kans dat je wordt gekleineerd en belachelijk wordt gemaakt. Dus waarschijnlijk zeg je maar niks meer, hoewel dat ook niet goed voelt. Het effect zal zijn dat je steeds minder je mond open durft te doen en je steeds meer alleen voelt.

Subtiele dreigementen
De narcist wil alles doen om je vast te houden en te voorkomen dat je hem verlaat, want in dat geval verliest hij zijn voornaamste voedingsbron voor bevrediging van de narcistische behoeften. Maar hij ziet ook dat het jou soms te veel wordt en dat je dreigt te ontsnappen aan zijn negatieve gedragingen, zelfs aangeeft weg te willen, er niet meer tegen te kunnen. Hij zal geen schuld erkennen, maar een strategie kiezen die zorgt dat jij bij hem blijft, zonder dat hij zijn gedrag aanpast. Hij moet je dus aan het lijntje zien te houden.

Frenske [48 (hrm-adviseur), 12 jaar relatie met narcist (medisch specialist)]: Toen ik voor de eerste keer besprak *dat we de laatste tijd wel heel weinig contact met elkaar hadden, begon hij meteen de tegenaanval in te zetten: 'O, als jij zo begint, dan ga ik ook wel anders denken over onze relatie... Ja, dan zit ik erover te denken om de relatie te stoppen.' Daarvan schrok ik heel erg, dat maakte me bang.*

Frederike [42 (juriste), 10 jaar relatie met narcist (salesmedewerker)]: Ik vroeg hem: 'Wat zijn eigenlijk jouw verwachtingen in relaties?' Hij werd heel boos. 'Zo'n vraag stel je mij nooit meer.' Ik voelde me bang worden. Hij werd voor mij de bestraffende ouder en ik was het kleine kind.

De kans is groot dat je je na dit soort reacties schuldig voelt en dat je daardoor steeds vaker gaat twijfelen aan de waarde en juistheid van je opmerkingen. Dit beklemt je dan. Er wél iets van zeggen leidt tot reacties van zijn kant die jou angstig en onzeker zouden kunnen maken. En door er niks van te zeggen, dwing je jezelf alles op te kroppen. Geen van beide is een goed alternatief.

Het effect is dat jij je daardoor in bepaalde situaties klemgezet voelt, want iedere voorzichtige opmerking van jou – ter nuancering van wat hij beweert of over zijn gedrag – wordt gezien als een persoonlijke aanval, die met grote heftigheid wordt bestreden of ontkracht. En dan niet zozeer op het niveau van de inhoud van het commentaar, maar vooral op het betrekkingsniveau (zie ook hoofdstuk 3, waar we die twee niveaus toelichtten). Eigenlijk is de algemene noemer van zijn reactie: 'Wie denk je wel dat je bent dat jij dit durft te zeggen?', vaak gevolgd door: 'Je vertrouwt me zeker niet', of: 'Je laat me hiermee in de steek'. Na zo'n reactie is er een gerede kans dat je je schuldig en verward voelt.

De schuld op jou afschuiven
De narcist vernedert je en praat slecht over jou tegenover anderen, zodat jij waarschijnlijk het idee krijgt dat je wel degelijk iets verkeerd hebt gedaan. Daar zul je je rot onder voelen. Hij draait dan ook nog eens de rollen om en hij wentelt zich in de rol van slachtoffer, terwijl jij de grote schuldige bent.

Sjoukje [53 (facilitair manager), 11 jaar relatie met narcist (arts-bestuurder)]: We hadden heel veel ruzie. Hij gaf mij overal de schuld van, zelfs als hij de weg niet meer wist. Ik kreeg daar altijd de schuld van. Als ik daartegen protesteerde, dan zei hij: 'Stel je niet aan, het gaat nergens over.'

Babette [48 (stewardess), 4 jaar relatie met narcist (piloot)]: Toen ik erachter kwam dat hij tijdens mijn zwangerschap al vreemdging, begon hij mij verwijten te maken en uit te schelden. Hoe haalde ik het in mijn hoofd om hem zo te wantrouwen? Hij móest wel naar een ander, omdat ik geen zin in seks met hem had.

Esther [61 (docente), 12 jaar relatie met narcist (consultant)]: Toen ik in zijn tas een rekening vond van een hotelkamer en een etentje voor twee personen, schreeuwde hij dat ik hem niet zo moest bespioneren en wantrouwen. Ik zou hem op die manier van mij af duwen...

Johanne [57 (docente), 7 jaar relatie met narcist (directeur)]: Uiteindelijk heb ik hem zo ver gekregen om in therapie te gaan. Na de eerste sessie vertelde hij dat de therapeut met mij aan de gang wilde gaan. Want bij mij lag het probleem. Die therapeut had het gedrag van mijn narcist niet door.

Leon [37 (universitair docent), 5 jaar relatie met narciste (docent)]: Ik dacht ook op een gegeven moment na haar verwijten en beschuldigingen dat ik gek was, ik voelde mij de duivel, de manipulator. Het was allemaal mijn schuld. Ik wilde ook van mijn psycholoog horen dat ik gestoord was. Zij was op mijn dringende advies in therapie gegaan, en deed dat volgens mij omdat ze bang was anders de relatie met mij te verliezen. Op een gegeven moment kwam ze triomfantelijk thuis met de mededeling dat zij genezen was verklaard, en dat de psycholoog had gezegd dat IK een narcist en een 'abuser' was...

De werkwijze van de narcist om jou je schuldig te laten voelen, is zo geraffineerd dat je het waarschijnlijk eerst niet doorhebt. En dat maakt dat jij jezelf nog verder klem gaat zetten.

Jou klein houden en dan jou 'redden'
Hij probeert zijn gedrag goed te praten door te beweren dat hij je enkel probeert te helpen: 'Ik heb je uit de shit geholpen.' Maar het verraderlijke is dat hij je eerst klein maakt door je in de modder te duwen en je vervolgens gaat redden.

Daniela [29 (manager onderwijs), 5 jaar relatie met narcist (tandarts)]: Hij hield mij nachtenlang wakker. Ik werd daardoor gebroken. Dat deed hij wekenlang... Hij ging dan overdag voor mij zorgen. Ik werd steeds angstiger. Op mijn werk zei hij dat hij voor mij moest zorgen. Dus dat vond iedereen zo lief en zo zorgzaam van hem. Ze moesten eens weten. Ik raakte zo uitgeput dat ik heb moeten stoppen met mijn baan. Later... het werd veel erger, psychisch erger, dit kostte vijf jaar van mijn leven, hield mij 's nachts wakker. Hij maakte steeds harde geluiden, hij moest wat bespreken, hij duwde mij – van alles en nog wat. Hij zette knalharde muziek aan. Expres, trappen, tackelen, op mij zitten. Slaan met voorwerpen, aan mijn arm sleuren. En vervolgens, toen ik mij ziek had gemeld, nam hij vrij van zijn werk, om voor mij te zorgen.

Lilian [50 (vertaler), 21 jaar relatie met narcist (arts)]: Het wordt zo omgedraaid. Je voelt je een mislukking, een zeur. Er mankeert van alles aan jou. Je mag van hem blij zijn dat je met zo'n man een verhouding hebt, zó weet hij je te redden.

In deze fase van je relatie ben je heel gevoelig voor alles wat je kan redden uit de beklemming. Zelfs een uitgestoken hand van de narcist is dan welkom.

Jou tot dader maken

Hij schuift graag de verantwoordelijkheid voor zijn gedrag op jou af. Zijn doel is om jou het idee te geven dat jij fout zit.

Aljo [55 (inkoopmedewerker), 38 jaar relatie met narcist (ondernemer)]: Ik ontdekte dat hij zijn oksels en genitalien had geschoren. Toen ik dat zei, was zijn enige reactie: 'Goh, daar heb je die rotkop weer.' Hij voelde zich betrapt. Hij noemde mij ziekelijk jaloers. Hij ging toen waarschijnlijk vreemd. Hij ging meteen in de aanval en schold mij uit. Zelfs nu nog hoor ik zijn stem, waardoor ik mij schuldig ga voelen: 'Dat jij zo slecht over mij praat.' Als ik probeerde om iets met hem te bespreken, tot driemaal toe, irriteerde hem dat en hij noemde mij dan obsessief en jaloers.

Sjoukje [53 (facilitair manager), 11 jaar relatië met narcist (arts-bestuurder)]: Hij besloot een boot te kopen, natuurlijk zonder overleg. Ik moest meezeilen, terwijl ik er helemaal niet van hield. Ik was zelfs bang voor water. Ik moest mee, anders zou hij een andere vrouw meenemen, dat wist ik. Dan zou hij zeggen: 'Jij wilde niet mee, dus ik moest wel een ander zeilmaatje meenemen.' Ik voelde heel veel angst.

Esther [61 (docente), 12 jaar relatie met narcist (consultant)]: Bij een ruzie zei hij tegen mij: 'Het ligt niet aan mij, maar aan jou. Als je wat meer tot rust gekomen bent, kun je er beter over nadenken.' Oftewel: 'Jij bent nu gestoord en ik neem je niet serieus.'

Herman [67 (zzp'er arbeidstoeleiding), 28 jaar relatie met narciste (maatschappelijk werkster)]: Ik heb mezelf – door haar kwaadaardige gemanipuleer, dat ik eerst niet doorhad – wel honderd keer afgevraagd: 'Ben ik niet de narcist?'

Al deze vormen van manipulatie komen aan bod in het repertoire van zowel de verborgen als de open narcist. De manipulaties maken jou als partner murw; misschien denk je wel dat je gek wordt.

3. Jouw mede-afhankelijkheid in de relatie met de narcist ('co-dependency')

Even ter herinnering: dit hoofdstuk gaat over de manieren waarop jij als partner beklemd wordt en jezelf beklemt in de relatie. Naast de twee hiervoor beschreven beklemmers, het ophouden van de schone schijn en het manipuleren, is er een belangrijke derde: jouw mogelijke medeafhankelijkheid.

Uit de psychotherapie is bekend dat de eigenwaarde van sommige mensen (getallen zijn overigens onbekend) bovenmatig afhankelijk is van de partner. Die medeafhankelijkheid wordt ook wel *co-dependency* genoemd en de persoon in kwestie een *co-dependent*. Het is een wat merkwaardige benaming, maar wel korter dan de typering 'iemand die bovenmatig afhankelijk is'; daarom gebruiken we hierna de korte aanduiding.

Een co-dependente partner zal alles doen om de ander tevreden te houden. Een tevreden ander betekent voor een co-dependente partner namelijk dat ze het waard is om van te houden. En dat waard zijn om van te houden is voor zo'n partner heel belangrijk, bijvoorbeeld omdat zij in haar jeugd het gevoel heeft gehad dat ze het niet waard was om van te houden. Dan is het krijgen en ervaren van liefde natuurlijk een manier om de pijn van vroeger op afstand te houden en te verzachten.

Echter, vaak is een co-dependente partner geneigd tot grenzeloos liefhebben en wil die alles doen om de ander te behagen, om daarmee zichzelf te verzekeren van liefde. Dat gebeurt vanuit grote empathie en het feilloos aanvoelen van wat de ander nodig heeft. Het is dan ook goed te begrijpen dat veel co-dependente mensen een dankbare partner zijn voor een narcist. Maar... een narcist laat niets zien van de eigen innerlijke wereld en daardoor heeft de partner het gevoel zich continu op glad ijs te bewegen en niet te weten waar zij aan toe is.

Leon [37 (universitair docent), 5 jaar relatie met narciste (docent)]: Ik was toch wel steeds de pleaser, ging conflicten uit de weg of probeerde ze te voorkomen door redelijk te zijn. Ik was degene die na de vele conflicten altijd weer contact zocht. Ik kon niet boos worden, zo ging dat vroeger bij mij thuis.

Een co-dependente partner is dan ook kwetsbaar: deze heeft veel aanpassingsvermogen en kan grenzeloos liefhebben, met als gevolg dat de narcist in de relatie met een co-dependente partner ook grenzeloos te werk kan gaan. Hij kan de partner volledig laten handelen naar zijn behoeften.

Kees /45 (jachtopziener), 7 jaar relatie met narciste (docent)]: Ik liet me zó door haar bespelen. Ze liet me, toen ze nog in R. woonde, 's avonds helemaal naar haar toe rijden en dan kreeg ik van haar te horen dat het even niet uitkwam, zodat ik weer helemaal terug moest, 2 uur. En ik vól begrip... Zij was mij gewoon aan het testen of ik bespeelbaar was. En ik wilde haar bewijzen dat ik een goede relatie kon onderhouden. Ik ben een pleaser. Bij haar ben ik pleasen gaan zien als 'houden van'.

Stef /60 (geestelijk verzorger), 7 jaar relatie met narciste (secretaresse)]: Bij ons thuis gold: als je iets doet, moet je het goed doen – en het goede doen. Ik vond het fijn om te zorgen voor de ander, ik heb hiervoor mijn terminaal zieke (eerste) vrouw verzorgd. Ik wilde anderen gelukkig maken, net als mijn vader en moeder bij elkaar deden. Ik ben de tweede in het gezin, ouder broertje overleden. Ik was wenskind, zo welkom, zo gewenst. Ik mocht er zijn en dat wilde ik iedereen meegeven.

Mogelijk herken jij dit mechanisme van co-dependency soms bij jezelf. Dan weet je ook dat het stoppen met het behagen van de narcistische ander op zijn zachtst gezegd niet in goede aarde valt. Dit lokt felle reacties uit, waarvan de strekking is: 'Je houdt niet meer van me', 'Je hebt niets voor me over' et cetera.

4. Jouw identificatie als 'slachtoffer' met de 'dader' (Stockholmsyndroom)

Dit is de laatste 'beklemmer' die we geven, en ook wel de meest heftige. In relaties met een narcist komt het voor dat jij als partner – ook in de slechte tijden – sympathie en medelijden voor hem gaat voelen en zelfs zijn beeld van de werkelijkheid gaat overnemen. Dat wordt ook wel het 'Stockholmsyndroom' genoemd. Hoewel de naam dateert uit de jaren 70, is het verschijnsel op zich al veel langer bekend.

Stockholmsyndroom

De naam Stockholmsyndroom is ontstaan als gevolg van een gijzeling in de Kreditbanken in Stockholm van 23 tot 28 augustus 1973. De gijzelaars ontwikkelden een band met hun gijzelnemers en lieten zich ook na hun bevrijding positief uit over hen. Twee van de gevangen genomen vrouwen verloofden zich zelfs met hun gijzelnemers. De gijzelnemer heeft volledige controle over de gijzelaar en binnen die controle voorziet hij in bepaalde basisbehoeften van het slachtoffer, bijvoorbeeld door eten te verstrekken of door kleine gebaren en aandacht. Slachtoffers ontwikkelen daardoor een positieve relatie met de gijzelnemer. Dit geeft de slachtoffers het gevoel van invloed en beschermt tegen eigen angstgevoelens. Ondanks dat de slachtoffers volledig afhankelijk zijn van de gijzelnemer en onder dwang staan, ontwikkelen ze tot verbazing van de buitenwereld positieve gevoelens voor de gijzelnemers.
In veel situaties voelen slachtoffers sympathie voor degenen die hen misbruiken. Het is voor hen een overlevingsmechanisme bij misbruik en intimidatie.

4 Beklemming

Met het Stockholmsyndroom koester je positieve gevoelens ten opzichte van de narcist, en je staat vaak negatief tegenover degenen die jou willen helpen. Mogelijk neem je de narcist in bescherming en verdedig je hem tegenover de buitenwereld.

Marianne [61 (psycholoog), 20 jaar relatie met narcist (directeur)]: Als je van hem houdt, wil je het gewonde kind in hem begrijpen. Als je van hem houdt, ben je loyaal naar zo'n man.

Tinke Jo [68 (zorgmedewerker), 2 jaar relatie met narcist (directeur)]: Soms was hij heel zielig, ik had medelijden. Hij was een klein jongetje.

Lucy [55 (verpleegkundige), 34 jaar relatie met narcist (projectontwikkelaar)]: Zijn gebrek aan empathie vergoelijkte ik voortdurend tegenover mijn omgeving: 'Hij is gewoon naïef.'

Babette [48 (stewardess), 4 jaar relatie met narcist (piloot)]: Toen hij ons gezin liet zitten, ging ik hem zelfs verdedigen tegenover de buitenwereld. Ik zei dat hij het druk had en overbelast was.

Anke [49 (verpleegkundige), 15 jaar relatie met narcist (consultant)]: Niemand vroeg door... Ik voelde het als een verloochening om iets negatiefs over hem te zeggen, tegen anderen. Ik legde alles bij mijzelf, niemand vroeg door. Ik hield daarmee de schijn op. Ik wist op die leeftijd ook niet beter.

Door zijn gedrag goed te praten, maak je jezelf nog meer murw en blijf je als een welhaast gekookte kikker in de pan zitten.

Je eenzaam voelen

Het effect van alle genoemde 'beklemmers' op jou – het ophouden van de schone schijn, zijn manipulatieve gedrag, de mede-afhankelijkheid waarin je gevangen zit, jouw identificatie met de narcist – is dat je je heel eenzaam gaat voelen. Want jouw omgeving (familie, vrienden enzovoort) ziet niet wat jij ziet, voelt niet wat jij voelt en denkt dat alles pais en vree is, en dat de oorzaken van jouw eventuele geklaag bij jou liggen.

De narcist zal hun gedachten over jou bevestigen en versterken. Het gevolg is dat je wellicht steeds meer geïsoleerd komt te staan. Wanhoop en radeloosheid kunnen je deel zijn.

Marianne [61 (psycholoog), 20 jaar relatie met narcist (directeur)]: Je twijfelt aan jezelf, je ziet het verkeerd. Je weet het niet. Zie ik het wel goed? Als ik het probeerde uit te leggen, aan mensen die hem kenden, herkenden ze het niet.

Babette [48 (stewardess), 4 jaar relatie met narcist (piloot)]: Ik durf er met anderen niet over te praten. Het ligt aan jou, denk je... Je gaat zo aan jezelf twijfelen. Je boordelingsvermogen wordt aangetast. De omgeving ziet het niet, daardoor ben je alleen. Ik ben gesloten, de mensen zien hem als de joyeuze man.

Sjoukje [53 (facilitair manager), 11 jaar relatie met narcist (arts-bestuurder)]: Ik kon geen kant op. Ik was geïsoleerd geraakt van mijn familie en vrienden... daar vond hij niets aan. Hij had hen beledigd, dus zij namen ook afstand van hem. Ik mocht wel komen zonder hem. Ik mocht ze van hem niet meer bellen, ik deed het stiekem. Mijn familie had ik dus verwaarloosd. Ik durfde niet weg te gaan... angst. Ik raakte geïsoleerd, was op mijzelf aangewezen. Mensen zeiden wel: 'Wegwezen', maar hoe moest ik dat doen? Ik had geen idee, hoe moest ik weg? Ik had ook mijn spullen waar ik aan gehecht was. De mensen zeiden: 'Ik zou het wel weten.' Mensen hebben geen idee hoe het is als je erin zit.

Herman [67 (zzp'er arbeidstoeleiding), 28 jaar relatie met narciste (maatschappelijk werkster)]: Ik ben er nu heel slecht aan toe: suïcidegedachten, narcisme-slachtoffersyndroom volgens mijn therapeut. Heel weinig mensen begrijpen me, de therapeut eigenlijk ook niet.

Uiteindelijk is de kans groot dat je je niet alleen eenzaam, maar ook geïsoleerd en totaal beklemd in de relatie gaat voelen.

Beklemd. Wat nu?

In dit hoofdstuk las je over de vele manieren waarop een partner klem kan komen te zitten in de relatie met de narcist. Waarschijnlijk heb je een aantal mechanismen herkend. Als we de balans van dit hoofdstuk opmaken, ziet het er somber voor je uit.

Partners hebben bijna nooit door wat er allemaal gebeurt, door subtiele en geleidelijk toenemende beklemming. Aan het begin van het hoofdstuk beschreven we de metafoor van de gekookte kikker: als een kikker in een pan met koud water wordt gezet en dit water wordt geleidelijk verhit, laat de kikker zich heel langzaam opwarmen en wordt hij uiteindelijk doodgekookt. Omdat de situatie van jou als partner van een narcist slechter en slechter wordt, zou je eigenlijk moeten ontsnappen. Maar omdat het verslechteren van de relatie zo langzaam gaat, ontgaat het je mogelijk. Je raakt gewend aan (oftewel: bent geconditioneerd door) zijn narcistische gedrag, met alle werkwijzen die hij toepast om jou in zijn greep te houden. Je kunt gehersenspoeld raken: de omgeving begrijpt jou niet, en je snapt jezelf waarschijnlijk ook niet meer zo goed. Uiteindelijk pas je je uit lijfsbehoud maar aan. Je probeert wanhopig te overleven, maar ten koste waarvan? In deze fase van beklemming heb je daar mogelijk nog geen idee van.

In het volgende hoofdstuk lees je hoe het water waarin je zit het kookpunt nadert. We beschrijven wat er kan gebeuren als je besluit om deze destructieve situatie niet langer te verdragen.

'Jij doet
er niet
meer
toe.'

5
ESCALATIE EN KANTELPUNT

Als partner van een narcist ben je wellicht verworden tot een net niet doodgekookte kikker. Je weet soms niet meer wat je voelt, áls je al iets voelt, en dat brengt je in verwarring. Je gedachten worden langzamerhand steeds minder rationeel, of zijn negatief. Je zit mogelijk vol twijfel over jezelf en bent soms zelfs doortrokken van zelfhaat. Jouw zoektocht naar liefde en emotionele verbinding loopt steeds vaker spaak en daardoor voel je je onbegrepen en eenzaam.

Johanne [57 (docente), 7 jaar relatie met narcist (directeur)]: Ik had nog altijd het beeld voor ogen van in het begin, hoe leuk hij toen was. En dat beeld zag ik ook nog af en toe als ik hem met anderen zag omgaan, dan lachte hij weer en was hij weer de charme zelve... maar niet naar mij. Je hebt het gewoon niet door dat hij dit gedrag naar jou toe al heel lang niet meer vertoont.

Steeds meer lijdend voorwerp

Na de fase van beklemming wordt de relatie openlijk destructief. De stoornis van de narcist wordt steeds meer zichtbaar; hij doet niet meer zijn best die te verbergen. Zijn interesse in jou is weg en het doet hem niets meer hoe jij je voelt. In toenemende mate word jij het lijdend voorwerp van zijn handelen. Steeds vaker bekruipt jou het gevoel dat je er steeds minder toe doet. Het gedrag van de narcist bestaat in deze fase in toenemende mate uit negeren, vernederen, verwaarlozen en soms zelfs uit mishandelen. Lees de getuigenissen.

Negeren
Andrea [61 (medisch adviseur), 12 jaar relatie met narcist (directeur)]: We hadden heel veel ruzie in het laatste jaar, de helft van de keren dat we elkaar zagen hadden we ruzie. Hij zegde bijvoorbeeld onze afspraak op het laatste moment af. Zonder toelichting, zonder overleg. Als ik er iets van zei, werd hij boos: 'Zo is het gewoon.' Ik voelde me daardoor compleet genegeerd. Ik voelde me boos en dacht: 'Vlieg op.' Hij liet dagen niets van zich horen. Een paar dagen later belde hij dan weer en deed alsof er niets aan de hand was.

Frenske [48 (hrm-adviseur), 12 jaar relatie met narcist (medisch specialist)]: Het interesseerde hem allemaal niet meer wat ik deed: mijn gezondheid, examens die ik moest afleggen, spannende sollicitaties – nul komma nul interesse. Als ik maar wel op tijd voor hem klaarstond, dat was het enige wat voor hem telde.

Erica [59 (hoofd pr), 30 jaar relatie met narcist (horeca-ondernemer)]: Hij hield zich niet aan afspraken. Ik maakte ruzie daarover. Hij gaf nooit toe. Ik praatte, hij trok zich terug, hij liep weg. 'Raar mens, je zit te zeuren.' Ik kwam er niet uit met hem. Ik voelde mij niet gehoord.

Vernederen
Saartje [62 (administratief medewerker), 33 jaar relatie met narcist (ondernemer)]: Hij schaamt zich voor mij. Ik ben een keer gevallen. In plaats dat hij helpt, schaamt hij zich voor mij. Hij corrigeert me. Ik was ziek, lag met 39 graden koorts op bed, hij liet mij liggen. Vier dagen. Ook de uitspraak van hem: 'Ik ga je later niet duwen als je in een rolstoel zit' heeft mij heel erg geraakt.

Stef [60 (geestelijk verzorger), 7 jaar relatie met narciste (secretaresse)]: Ik had in mijn eerste huwelijk 21 jaar mijn zieke vrouw verzorgd. Toen X in mijn leven kwam, zei ze op een gegeven moment: 'Als jij ooit zo afhankelijk en ziek wordt: ik verzorg je niet.' Ik was overdonderd, lamgeslagen, voelde me vernederd.

Verwaarlozen
Herman [67 (zzp'er arbeidstoeleiding), 28 jaar relatie met narciste (maatschappelijk werkster)]: Ik lag alleen in een zomerhuisje dat ik gehuurd had om in alle rust te herstellen van een ernstige ziekte. Zij zocht me niet op, verzorgde me niet, bleef gewoon in ons huis wonen. Een buurvrouw heeft me toen af en toe verzorgd. Ik voelde me zo alleen en verlaten.

Sjoukje [53 (facilitair manager), 11 jaar relatie met narcist (arts-bestuurder)]: Hij heeft nooit aan mij gevraagd hoe het met me ging. Ook als ik ziek was, zorgde hij niet voor mij.

Mishandelen
Marianne [61 (psycholoog), 20 jaar relatie met narcist (directeur)]: We hadden ruzie. Hij werd zo gigantisch driftig dat ik mij verweerde. Ik noemde hem een fascist. Hij sloeg een tand uit mijn mond. Hij bleef woedend op mij, zwart gat in mijn mond. Hij heeft nooit excuses aangeboden. Ik voelde me zó bang... knikkende knieën, zo alleen.

Sjoukje [53 (facilitair manager), 11 jaar relatie met narcist (arts-bestuurder)]: Hij duwde mij van de trap. Ik brak mijn pink. Hij sloeg me, hij trapte. Hij intimideerde met zijn grote lijf en zijn harde stem.

Kiek [59 (praktijkondersteuner huisarts), 8 jaar relatie met narcist (militair)]: Hij sloeg me. Ik was een ding, een object. Ik voelde me bang en gekleineerd. Hij was zo sterk. Er kwam een soort waas voor zijn ogen... geweld.

Het resultaat van al deze gedragingen is dat er voor jou een emotioneel en fysiek onveilige situatie ontstaat. De geborgenheid in de relatie, die jij in het begin meende te vinden, is nu helemaal verdwenen. De aandacht en zorg voor jou, om nog maar te zwijgen van de compassie, zijn totaal afwezig. De narcist laat je aan je lot over en wat het allemaal met jou doet, interesseert hem helemaal niet. Je gaat je steeds ellendiger voelen. Mogelijk dringt het besef van de situatie waarin je nu zit, langzaam tot je door. Daardoor bevind je je voor je gevoel afwisselend op een emotioneel beladen slagveld, in een lege woestijn of op een kille ijsvlakte.

Ruzie, ruzie, ruzie

In deze fase doen zich in toenemende mate extreme voorvallen voor, waardoor steeds vaker ruzies ontstaan. De kans is groot dat je die keer op keer verliest, want de machtsstrijd op betrekkingsniveau – met de narcist in de bovenpositie en jij in de onderpositie – zul je altijd verliezen (zie hoofdstuk 3). De ruzies nemen toe in frequentie en intensiteit. Wat ze gemeen hebben, is de uitzichtloosheid: er wordt namelijk niets opgelost. De narcist begrijpt je niet, of doet alsof hij je niet begrijpt. Jij ziet het volgens hem helemaal verkeerd, alles ligt aan jou, hij beëindigt het gesprek en loopt weg. De ervaring dat de deur steeds weer voor je neus wordt dichtgesmeten, zal je bekend voorkomen.

Babette [48 (stewardess), 4 jaar relatie met narcist (piloot)]: Steeds maar afspraken afzeggen en niet op komen dagen. Ik stopte ermee om het nog te willen bespreken om eruit te komen. Wat ik wél deed, om mij niet helemaal onder te laten sneeuwen, was het benoemen. Ik zei tegen hem: 'Je wilt er niet over praten. Als je maar wel weet dat ik het er niet mee eens ben zoals het gaat, dat moet je weten.' Nou, dat vond hij prima, als ik maar niet doorzeurde.

Leon [37 (universitair docent), 5 jaar relatie met narciste (docent)]: Elke conversatie ging moeizaam, steeds werd zij door iets getriggerd en hadden we ruzie. Eén keer per week was er een uitbarsting binnenshuis en één keer per maand een enorme publieke explosie.

Esther [61 (docente), 12 jaar relatie met narcist (consultant)]: Gaandeweg sloot hij zich steeds meer af voor meningsverschillen. Hij liep doodleuk weg en stelde: 'We praten er later over.' Ik stond er machteloos en woedend bij. Hij kwam er natuurlijk niet op terug. Als ik erop terugkwam, maakte hij altijd een boze, vermoeide en geïrriteerde indruk en mompelde een paar zinnetjes. Hij was het vergeten of deed alsof hij het vergeten was.

Strategieën bij ruzies

De vier belangrijkste strategieën bij het reageren op ruzies en conflicten zijn: vechten, vluchten, onderhandelen of bevriezen. We gaan nu na hoe deze strategieën in een relatie met de narcist kunnen uitpakken.

Vechten
Misschien heb je besloten om uit puur lijfsbehoud niet meer als een kikker in de pan te blijven zitten. Het liefst zou je hem de tent uitvechten, maar deze reactie is niet zo waarschijnlijk, zeker wanneer de narcist een man betreft. Die zal zich immers nooit op deze manier gewonnen geven; het zou zijn mannelijk aanzien te veel schaden.

In principe is een meer geleidelijke variant van 'vechten' mogelijk. Je kunt bijvoorbeeld de narcist het leven langzaam maar zeker zuur maken, opdat hij eindelijk vertrekt. Het grote nadeel van die strategie is dat je het slechtste in jezelf naar boven haalt en dat is funest voor je zelfbeeld, dat in de relatie toch al aangetast is. Bovendien kun je rekenen op een lange periode van wederzijdse kwelling. Uiteindelijk kun je deze strategie – van elkaar het leven zuur maken – verliezen, omdat de narcist deze beter beheerst dan jij.

Vluchten
'Ontwijken en vermijden' is hier het devies. Je beseft dat je de ruzies nooit wint en wilt de pijn die ze bewerkstelligen, voorkomen. Deze strategie zal bij de narcist echter negatieve krachten losmaken, want in zekere zin is het vermijden en ontwijken een ontkenning van zijn zelfpresentatie in de ruzie en dat is voor hem héél pijnlijk. Deze strategie kan ook inhouden dat je steeds vaker vlucht in je binnenwereld, waarbij je je meer en meer afsluit voor de narcist. Mogelijk zoek je je vertier juist vooral buitenshuis, bij vrienden of in activiteiten.

Onderhandelen
Dit is een derde strategie in het omgaan met ruzie, maar waarschijnlijk is deze niet reëel, gezien jouw relatie met de narcist. Onderhandelen over een gewenste situatie veronderstelt dat de ander zich kan inleven in jouw verlangens, rekening houdt met jouw wensen en oog heeft voor jouw belangen. Dit alles is onbekend terrein voor de narcist.

Bevriezen
De vierde strategie, namelijk het 'bevriezen' in een conflictsituatie en bij ruzies, komt vaak voor bij partners van narcisten. Bevriezen wil zeggen: passief blijven of zelfs helemaal niet reageren. Ogenschijnlijk is er geen gedrag bij de partner te zien, die staat letterlijk en figuurlijk stil. De strategie wordt onbewust gekozen, er is geen alternatief. Je

voelt je zó beklemd en zowel het vechten, het vluchten als het onderhandelen is onmogelijk.

Waarom ging je zo lang door?

Als partner ga je mogelijk heel ver in het verdragen van het gedrag van de narcist. De vernederingen, het geruzie en soms de mishandeling worden jarenlang getolereerd (twintig jaar is geen uitzondering). Hoe kan het dat partners dit zo lang laten gebeuren?

Dissonantiereductie

Een mogelijke verklaring geeft de dissonantietheorie. Deze gaat uit van het 'het reduceren van cognitieve dissonantie'. Dat betekent: het tegengaan van onaangename spanning die je ervaart bij tegenstrijdige overtuigingen, ideeën of opvattingen, of bij handelen in strijd met de eigen overtuiging als manier om te overleven. Eenvoudiger gezegd: het kan zijn dat je iets goedpraat dat inwendig tegen je eigen mening in druist. Je weet misschien dat er iets niet klopt. Dat weten geeft een onaangenaam gevoel en je probeert deze dissonantie recht te breien, bijvoorbeeld door jezelf voor de gek te houden. ('In elke relatie is weleens wat', 'Het zal ook wel aan mij liggen', 'Hij had vroeger ook zijn mooie kanten.')

Steeds moeten rechtbreien wat niet klopt, kost enorm veel energie. Het gevolg kan zijn dat je uitgeput raakt en dat dit je op den duur kapotmaakt. Het goedpraten van een voor jou onhoudbare situatie wordt steeds ongeloofwaardiger voor anderen, maar op den duur waarschijnlijk ook voor jezelf.

Innerlijke overtuigingen over relaties

Tijdens de ruzies spelen er waarschijnlijk allerlei gedachten door je hoofd, die mede voortkomen uit jouw vaste overtuigingen vanuit je eigen ervaringen met relaties, of uit de waarden en normen die je van je ouders hebt meegekregen over hoe je met elkaar hoort om te gaan.

Karin [79 (gepensioneerd), 25 jaar relatie met narcist (verkoopleider)]: Ik was gevoelig voor autoriteit. Ik hield van hem. 'Ik verander hem wel,' dacht ik, 'het wordt wel beter.' Ik had angst vanwege de kinderen, dat hij die misschien wel zou doden. En het rare is: tegenover de omgeving kwam ik voor hem op. Ik ging het goedpraten wat hij deed.

Saartje [62 (administratief medewerker), 33 jaar relatie met narcist (ondernemer)]: Ik dacht: 'Ik krijg het er wel uit.' Ik dacht dat ik hem wel kon veranderen. Helaas niet... Ik had gehoopt dat ik meer kon bereiken. Soms dacht ik: 'Het gaat weer beter, het is te doen. Het komt weer goed.' Na een paar weken ging het weer bergafwaarts.

Lucy [55 (verpleegkundige), 34 jaar relatie met narcist (projectontwikkelaar)]: Je hoopt op beter, tegen beter weten in. Omdat je denkt dat de ander net zoals jij in elkaar steekt. Je kunt je niet voorstellen dat iemand zo héél anders is.

Sjoukje [53 (facilitair manager), 11 jaar relatie met narcist (arts-bestuurder)]: Ik voelde mijzelf niets waard en ik kon het niet geregeld krijgen om weg te gaan.

Kiek [59 (praktijkondersteuner huisarts), 8 jaar relatie met narcist (militair)]: Je moet dienstbaar zijn aan de wereld. Dus ook aan je partner. Dus ook geen conflicten aangaan... Ik had ook dat voorbeeld van thuis: maak je dienstbaar aan het bedrijf.

De eigen normen en waarden omtrent liefdesrelaties en huwelijk, het rekening houden met de kinderen, jezelf in twijfel trekken en hopen dat het beter wordt: stuk voor stuk kunnen het belangrijke overtuigingen zijn die maken dat je ondanks de ruzies doorgaat.

Je zelfbeeld
De manier waarop jij jezelf ziet, naar jezelf kijkt en hoe jij jezelf ervaart, is van grote invloed op de manier waarop je met ruzies omgaat. Het gaat hier om het zelfbeeld: hoe je naar jezelf kijkt. Het is het geheel van gedachten, ideeën en oordelen die je over jezelf hebt. Jouw zelfbeeld wil niet zeggen dat jij ook daadwerkelijk zo bent. Het weerspiegelt hoe jij jezelf ziet, niet hoe je bent. Jouw zelfbeeld komt tot stand onder invloed van de omgeving (bijvoorbeeld vrienden, collega's), door introspectie ('in jezelf kijken', nadenken over je eigen emoties, motivaties en gedachten) en zelfperceptie (het waarnemen van je gedrag en je daarover een oordeel vormen).

Als je zelfbeeld door een of meer van voornoemde 'beinvloeders' negatief is, is de kans groot dat je ook het ruziemaken anders beleeft dan bij een positief zelfbeeld, waarin je waarschijnlijk vindt dat jij het volste recht hebt om voor jezelf op te komen.

De Vlaamse klinisch psycholoog Paul Verhaeghe haalt in zijn boek *Identiteit* de Nederlandse hoogleraar psychologie Trudy Dehue aan. Zij constateert dat in dit tijdperk van de ogenschijnlijk maakbare mens het gros van de mensen zich meer dan ooit verantwoordelijk voelt voor het eigen falen of welslagen. De partner van een narcist zal bij ruzies de schuld dan ook vooral bij zichzelf zoeken.

Je aan het lijntje laten houden
Een andere belangrijke oorzaak voor het langere tijd verdragen van de ellende in de relatie met de narcist is

dat veel partners zichzelf aan het lijntje laten houden. In de wetenschap wordt dit ook wel partiële bekrachtiging (*intermittent reïnforcement*) ('af en toe beloond worden') genoemd.

Partiële bekrachtiging

In een hoek van de rattenkooi zat een kleine hendel. Telkens wanneer de rat op de hendel drukte, kwam er eten uit – elke keer. Het patroon was: 'Ik duw op de hendel en ik kan eten verwachten.' De wetenschappers vroegen zich af wat er zou gebeuren als zij geen eten meer zouden geven. De rat duwde op de hendel en besefte na een aantal pogingen dat dit geen eten opleverde. Hij stopte met op de hendel drukken. 'Ik duw op de hendel en ik kan verwachten dat er niets uitkomt.'

De wetenschappers besloten toen om slechts af en toe eten te geven, via een onvoorspelbaar patroon. Na bijvoorbeeld één op de vier keer de hendel naar beneden drukken, kreeg de rat voedsel; daarna na één op de zeven keer en na één op de twaalf keer. Ze dachten dat de rat gefrustreerd zou raken en uiteindelijk de interesse in de hendel zou verliezen. In feite gebeurde het tegenovergestelde. In dit experiment was de rat angstig geobsedeerd door de hendel. Hij verwaarloosde al zijn andere verzorgingsgewoonten en begon te verslechteren. Hij ging door met eindeloos op de hendel drukken. De onregelmatige onderbrekingen hadden een verslaving veroorzaakt. De rat was gewend geraakt aan perioden waarin geen versterking werd gegeven. De partiële bekrachtiging had volhardendheid teweeggebracht.

> Partiële bekrachtiging (af en toe belonen) werkt als het inconsistent en onvoorspelbaar wordt toegediend. Partiële bekrachtiging creëert verslaving. Denk aan gokken: als je aan een gokautomaat zit, probeer je het beloningspatroon te voorspellen, maar dat lukt niet. Het is willekeurig, maar de kick die ontstaat als gevolg van de ervaring van de willekeurige beloning, creëert een obsessie. Je wordt eigendom van het spel. Je kunt geen weerstand meer bieden, want je weet: als je maar doorgaat, komt een keer de kick.

Mogelijk herken je het: als je in een relatie met een narcist af en toe een goede ervaring hebt, kan dat hemels voelen. Je gaat dat fijne gevoel najagen en doet alles om het wéér te krijgen. Ook al valt het je maar heel soms ten deel, toch kan het voor jou voldoende zijn om heel lang achter je beloning aan te blijven rennen.

Dus als de narcist af en toe heel aardig tegen je is, kan dat voor jou genoeg zijn om door te gaan. In zo'n geval ben je als een junk op zoek naar je dope. Jij krijgt een kruimel en de kans is groot dat je weer gaat rennen.

Frenske [48 (hrm-adviseur), 12 jaar relatie met narcist (medisch specialist)]: Toen ik zag dat hij weer alleen voor de buitenwereld aardig deed naar mij, weet je wat ik toen dacht? 'Wees blij met dit moment, nu is hij vrolijk.' Je wordt blij met de kruimels. Zo houd je jezelf voor de gek.

Esther [61 (docente), 12 jaar relatie met narcist (consultant)]: Na ruzies, als ik dreigde met een scheiding omdat ik het niet volhield zo, was hij weer heel aardig. Dan dacht ik: 'Gelukkig, het gaat weer goed. Het komt goed met ons.'

Frederike [42 (juriste), 10 jaar relatie met narcist (salesmedewerker)]: Je neemt genoegen met steeds minder, terwijl je weet dat het niet goed is.'

Babette [48 (stewardess), 4 jaar relatie met narcist (piloot)]: Ik was zo blij als een kind toen ik naast hem in de auto zat op weg naar een afspraak voor hem (dat realiseerde ik mij pas later, dat het altijd zijn afspraken waren en dan mocht ik mee). Zo blij met de leuke spaarzame momenten samen.

Waarschijnlijk wil jij het gedrag dat de relatie lijkt te voeden, graag aan hem laten zien. Hopelijk beloont de narcist dit gedrag, maar hij doet dat dan wel onvoorspelbaar, inconsistent en slechts zo nu en dan. Het gevolg is dat jij in verwarring raakt en hunkert naar zijn beloning voor jouw gedrag. Je blijft wanhopig verlangen naar die beloning. Je zult die vast wel krijgen, ook al duurt het soms lang. Mogelijk worden de tussenliggende periodes steeds langer. Maar als de beloning eindelijk komt, ben je weer heel gelukkig. Helaas volgt er dan weer een periode van verlangen en ellende, totdat jij echt niet meer kunt.

'Tot hier en niet verder!': het kantelpunt

De verheviging van de ruzies en conflicten, en de daarbij horende escalatie, leidt bij bijna alle partners van narcisten tot een kantelpunt. Blijkbaar gebeurt er dan iets wat zo veel losmaakt dat een grens is bereikt. Nu zijn écht de rapen gaar: het wordt je echt te veel, je kunt niet meer én – vooral – je wilt het niet meer. Een kantelpunt kan een gebeurtenis of een opeenstapeling van gebeurtenissen zijn (negeren, vernedering, mishandeling, verwaarlozing). Het vormt voor jou een aanleiding om actie te ondernemen: het moment dat de kikker uit het hete water springt.

Erica [59 (hoofd pr), 30 jaar relatie met narcist (horeca-ondernemer)]: Ik heb vaak overwogen om weg te gaan... Het moet rijpen. Het moet zó erg zijn, heel lang zó erg, dat je denkt: 'Nu is het afgelopen.'

Ongetwijfeld heb je van alles geprobeerd om je relatie te redden. Al het praten, alle ruzies: je ontdekt dat het zinloos is geweest. Al die ellende: die stopt niet. Verwijten, negeren, ruzies – het kan zo echt niet meer doorgaan.

Je doet er niet meer toe
Langzaam groeit bij jou het besef dat hij je stelselmatig negeert. Hij doet zijn eigen ding en verwacht dat jij erin meedraait. Als je dat niet wilt, is de kans groot dat je ruzie krijgt en/of dat je genegeerd wordt. Dat jij ongelukkig bent, doet er voor hem niet toe, zolang jij maar met hem meedoet. Dit besef zal je ten diepste raken. Ruziemaken is soms beter dan genegeerd worden, want tijdens een ruzie vecht je in ieder geval voor elkaar en voor de relatie. Niet gezien worden, je niet erkend voelen, dat raakt je diep. Gezien worden en erkend worden zijn basisbehoeften in een relatie (Johnson, 2017). Je miste de verbondenheid immers al lange tijd, er was in de relatie al lang geen echt samenzijn meer. Nu dringt het steeds meer tot je door dat hij je negeert. Het gevoel van miskenning en genegeerd worden kun je niet meer ontkennen. Dat zal een heftige en pijnlijke constatering voor je zijn.

Daarmee heeft het meedraaien in zijn leven voor jou een grens bereikt. Het wordt steeds lastiger om het vol te houden. Er hoeft dan maar één gebeurtenis te zijn die jou over de grens trekt. We hoorden in de interviews de volgende getuigenissen hierover.

Heftige gebeurtenis

Anke [49 (verpleegkundige), 15 jaar relatie met narcist (consultant)]: We waren een tijdje uit elkaar, ik had rust nodig. Hij gunde mij die rust niet. Dat vond ik zo respectloos! Mét een heleboel andere zaken (vervalsingen, misleiding, overspel) was dit voor mij de druppel.

Sjoukje [53 (facilitair manager), 11 jaar relatie met narcist (arts-bestuurder)]: Ik wilde met hem praten, hij wilde niet. Hij werd hels. 'Nu eruit! Je hebt toch gehoord wat ik zei.' Hij trapte achter mij de deur in. Ik heb toen de politie gebeld, die heeft hem in hechtenis genomen en hem drie dagen meegenomen. Toen was ik er klaar mee.

Overspel

Marianne [61 (psycholoog), 20 jaar relatie met narcist (directeur)]: Ik weet het niet meer precies, al die ruzies, Je raakt verstrengeld in emoties. Gaslighting, weken aaneen zwijgen. Ik ontdekte zijn bedrog, dat droeg er ook aan bij dat ik stopte met deze relatie. Ik kon één keer zijn bedrog verdragen, een tweede keer kan niet meer. Hij deed het een tweede keer.

Stef [60 (geestelijk verzorger), 7 jaar relatie met narciste (secretaresse)]: Ik zag toevallig op haar laptop een nieuwe relatie van haar, klikte per ongeluk op Word en zag liefdesverklaringen. Zij ontkende: 'Alleen maar iets puberaals.' Achteraf bleek dat ze mij al vijftien maanden bedrogen had, en waarschijnlijk was er daarvoor ook een relatie. Ik was boos, maar liet me toch weer in haar verklaring duwen. Zij zei toen ijskoud: 'Ik vind je een aardige man, maar ik wil niet meer naast je in slaap vallen. Wel wil ik hier voorlopig blijven wonen.'

Kees [45 (jachtopziener), 7 jaar relatie met narciste (docent)]: Door toeval kwam ik in haar computer bij haar agenda. Ik zag alle zeven mannen met wie ze iets deed, volgens lijstjes, en wat met wie. Ik vond het superklote toen ik las dat ze met die andere mannen wel heel goede seks had. Maar het was ook een opluchting voor me. Mijn achterdocht bleek te kloppen, ik was niet de zeikerd, maar zij was de valse overspelige. Ik beëindigde toen de relatie.

Via reactie omgeving
Daniela [29 (manager onderwijs), 5 jaar relatie met narcist (tandarts)]: Een vrouw zei tegen mij: 'Wat een leuke man heb je toch', terwijl ik onder de blauwe plekken zat. Ik brak toen.

Via zelfinzicht
Frenske [48 (hrm-adviseur), 12 jaar relatie met narcist (medisch specialist)]: Toen ik mij opeens realiseerde dat ik vooral ongelukkig was en toch doorging voor de korte en spaarzame momenten van geluk, dacht ik: 'Als ik doorga, zal ik de rest van mijn leven ongelukkig zijn, dat weet ik zeker, want hij gaat steeds lelijker tegen mij doen. Het wordt alleen maar erger. Als ik nu stop met de relatie, is er in ieder geval weer een kans dat ik gelukkig word.'

Lucy [55 (verpleegkundige), 34 jaar relatie met narcist (projectontwikkelaar)]: Je wordt zo gemanipuleerd. Vrouwen, geld, ik ging het op een rijtje zetten. Hij neemt geen verantwoording voor mijn gevoel en wat er in de relatie gebeurt. Ik ga, als ik doorga, nog meer gekwetst worden. Wat ik zoek, ga ik niet vinden. Ik leefde in een fakewereld. Ik vocht tegen beter weten in.

Via hulpverlener
Belinde [46 (persoonlijk assistent), 18 jaar relatie met narcist (verkoper)]: Ik werd op het matje geroepen door zijn psycholoog. 'Het gaat zó goed,' zei hij. Zelfs bij de psycholoog is hij aan het liegen en bedriegen. Toen was het klaar voor mij.

Erica [59 (hoofd pr), 30 jaar relatie met narcist (horeca-ondernemer)]: Iemand met medische kennis zei tegen mij: 'Je gaat hieraan onderdoor. Jij wordt ziek, je kunt een depressie krijgen als je zo doorgaat met hem.' Dat was voor mij een sleutelmoment. Dat kwam in mijn familie voor. Ik liet het op mij inwerken en ik wist: 'Hij gaat ook niet mijn rolstoel duwen' (dat had hij gezegd namelijk). Dat was het moment.

Kees [45 (jachtopziener), 7 jaar relatie met narciste (docent)]: De therapeut bij wie ik op een gegeven moment kwam toen het heel slecht met me ging na alles wat er met haar gebeurde, vroeg me: 'Vraag haar drie dingen: 1) Als de relatie overgaat, uitraakt en het gaat heel slecht met de ander, wat doet ze dan? 2) Ze heeft al je geld meegenomen. Gaat ze dat terugbetalen? 3) Heeft ze verborgen levens? Ik belde haar op en ze gaf meteen eerlijk haar antwoorden: 1) 'Eigen schuld.' 2) 'Je had het toch opgemaakt.' 3) Ze werd boos: 'Je vertrouwt me niet.' De therapeut zei daarna: 100% verborgen narcisme. Toen was het voor mij klaar, alles viel op zijn plaats.

Door al deze gebeurtenissen – overspel, inzichten en reacties van de omgeving – en door de manier waarop de narcist omgaat met de reactie van zijn partner, ontstaat er eindelijk een breekpunt. Het losmaken begint, het definitieve eind van de relatie lijkt in zicht. Het is de hoogste tijd voor bevrijding. Hoe dat gaat en of dat lukt, lees je in het volgende hoofdstuk.

'Je komt
de ware
narcist
tegen
als je gaat
scheiden.'

6
LOSMAKING

Je bent eindelijk tot de conclusie gekomen dat het echt niet meer gaat en je hebt besloten nu definitief met deze destructieve relatie te stoppen. De kans bestaat dat je narcistische partner uit wanhoop toch zal proberen om jou weer te lijmen, maar inmiddels weet jij ook dat zijn goede wil alleen maar schone schijn is. Het patroon van lijmen en weer beklemd worden, ken je nu vast en zeker uitentreuren. Wat je ook probeert of hebt gedaan, dat patroon blijft zich herhalen. Waarschijnlijk ben je nu door schade en schande wijs geworden. De relatie kan leiden tot jouw destructie, tot je helemaal bent leeggezogen. Een narcist verandert zijn gedrag nooit ofte nimmer. De relatie heeft zo lang kunnen doorgaan omdat jij als partner alles zo lang hebt verdragen.

'Samen eruit komen' is geen optie, er is immers geen 'samen'. Overleggen met een narcist is niet mogelijk. De enige manier om hieruit te komen, is eenzijdig de stekker eruit te trekken. Er lijkt voor jou niets anders op te zitten dan deze relatie te verbreken.

Hels karwei
Maar... je losmaken uit een relatie met een narcist is een hels karwei. Hij wil je vasthouden, want jij bent de belangrijkste voeding voor zijn grandioze zelfbeeld. Ook al ben je voor hem als persoon al jaren niet meer interessant, hij zal je niet zomaar loslaten. Hij zal je straffen omdat je niet meer bij hem wilt zijn. Hij kan het namelijk niet verkroppen dat zijn narcistische voedingsbron

opdroogt. Hij ziet jou als een object dat hij bezit en waar hij het alleenrecht op heeft. Hij ervaart het mogelijke verlies van jou dan ook als zeer krenkend.

Dat zich gekrenkt voelen heeft verschillende oorzaken. Allereerst wordt zijn vermeende 'grandiositeit' aangetast: 'Dat jij niet ziet wat voor een geweldige man ik ben.' Maar ook in het licht van de familie, vrienden en collega's is jouw losmaken een grote vernedering voor de narcist: de schone schijn kan niet langer worden opgehouden en hij heeft het idee af te gaan in de ogen van de omgeving. Dát wil hij natuurlijk ten koste van alles zien te voorkomen. Ten slotte speelt bij veel mannen – en dus ook bij de narcist – de gevoelige statuskwestie: 'Hoezo beslist de vrouw over mijn relatie?'

Anke [49 (verpleegkundige), 15 jaar relatie met narcist (consultant)]: Hij wilde dat ik terugkwam. Hij huilde, op zijn knieën voor me, maar ik liet me er niet door weerhouden. Toen werd hij heel kwaad. Ik was 'stom', ik was 'geen goede moeder'.

Aljo [55 (inkoopmedewerker), 38 jaar relatie met narcist (ondernemer)]: Ik zei: 'Ik maak het uit.' Hij was er meteen: 'Zullen we het weer goedmaken?' Hij sloeg een arm om mij heen en huilde als een klein kind.

Belemmeringen bij losmaking
Losmaken is makkelijker gezegd dan gedaan. In een jarenlange relatie ontwikkelen veel partners belemmerende overtuigingen: gedachten die ervoor hebben gezorgd dat je al die tijd bij je narcistische partner bent gebleven. Deze gedachten hebben waarschijnlijk altijd door je hoofd gespeeld en je ervan overtuigd dat opgeven geen optie was. We onderscheiden hier psychische en materiële belemmeringen.

Psychische belemmeringen
Een innerlijke overtuiging, zoals het besef dat je een huwelijk moet volhouden, is zo'n belemmering. Je hebt elkaar bij een huwelijk immers ooit eeuwige trouw beloofd. Zo'n overtuiging speelt natuurlijk ook in een niet-narcistische partnerrelatie, maar bij een narcist komt meer kijken. Bij jou is vast en zeker de angst aanwezig dat hij jou bij losmaking wraakschade kan toebrengen, je weet intussen hoe hij is. Ook jouw zorg om de kinderen kan een reden zijn om te twijfelen aan losmaken. Je hebt wel ingezien dat de opvoedingsbijdragen van de narcist óf niet veel voorstellen in vergelijking met wat jij doet, óf leiden tot scheefgroei in de ontwikkeling van de kinderen. Denk aan de slechte voorbeeldfunctie die de narcist heeft wat betreft het omgaan met emoties, het zich kunnen inleven in de ander, het begrenzen van overschrijdend gedrag, het kunnen stellen van reële eisen. Maar ook melden de partners vaak: verwennend gedrag, uitspelen van kinderen tegen de partner en parentificatie (kinderen als volwassen partner beschouwen).

Kees [45 (jachtopziener), 7 jaar relatie met narciste (docent)]: Haar eigen kind werd door haar op een troon gezet. Het hoefde nooit wat te doen, ging lange tijd niet naar school, gamen... Ik hoorde later van de therapeut dat dat ook bij verborgen narcisme hoort.

Marianne [61 (psycholoog), 20 jaar relatie met narcist (directeur)]: Ik zag ertegen op om een gezin te gaan missen, het gezinsleven, een prettig huis, mijn schoonfamilie. Je gezin kwijt, dat is het grootste verlies wat er is. En gemeenschappelijk grootouderschap.

Stef [60 (geestelijk verzorger), 7 jaar relatie met narciste (secretaresse)]: Tja, zij en haar kinderen... De oudste had een prinsessenstatus, de tweede dochter was volkomen geparentificeerd. Ze verzorgt de kinderen wel, maar geeft ze niet echt sturing. Bijvoorbeeld: de seksuele voorlichting aan de jongste dochter liet ze over aan de middelste dochter, in plaats van moeder-dochter.

Herman [67 (zzp'er arbeidstoeleiding), 28 jaar relatie met narciste (maatschappelijk werkster)]: Ik wilde het volhouden... Ik ben iemand die zich verantwoordelijk wil voelen, ook voor de kinderen. Ik heb mezelf in 2017 honderdduizend keer afgevraagd: 'Had ik er niet mee moeten stoppen?' In 2012 had ik het moeten doen, maar toen ben ik vanwege problemen met de dochter doorgegaan.

Maar het kan ook zijn dat jouw angst voor vermeende leegte na losmaking, voor het onbekende – en het mooie willen vasthouden – een belangrijke belemmering is.

Stef [60 (geestelijk verzorger), 7 jaar relatie met narciste (secretaresse)]: Het liegen en bedriegen en manipuleren zat er al zo in, ik was niet bij machte het te stoppen. Ook uit angst dat ze weg zou gaan, de drie kinderen zou oppakken en naar Engeland zou gaan. Ik wilde het mooie vasthouden, het gezin bij elkaar houden.

Voor veel partners geldt: 'Je weet wat je hebt, maar niet wat je krijgt.' Deze angst speelt met name voor jou als partner van een narcist een rol, omdat je sociale netwerk gaandeweg kleiner en kleiner is geworden. Een narcist heeft er immers moeite mee dat jij buiten hem om leuke dingen doet en goede vrienden hebt.

Saartje [62 (administratief medewerker), 33 jaar relatie met narcist (ondernemer)]: Waarom ik bleef? Angst om alleen op een flatje te zitten... angst voor de andere eenzaamheid.

Erica [59 (hoofd pr), 30 jaar relatie met narcist (horeca-ondernemer)]: Ik wist, ik moet hier weg. Maar wat dan? Er was angst voor het onbekende.

Een belangrijke belemmering om je los te maken, kan jouw gebrek aan zelfvertrouwen zijn. Sommige partners zijn zo lang vernederd, mishandeld, bespot, neergehaald en belachelijk gemaakt dat iedere vorm van zelfvertrouwen is verdwenen. Hun zelfbeeld is heel negatief. We zien dit met name bij mensen die lijden aan het narcistische slachtoffersyndroom[4]. Bij hen is de acceptatie van het gedrag van de narcist zo groot dat ze eigenlijk niet meer zien dat de narcist destructief gedrag vertoont. Partners die lijden aan dit syndroom kunnen van nogal wat verschijnselen last hebben: slapeloosheid, gewichtsverlies, rusteloosheid, verdriet, woede-uitbarstingen, depressie, angst, suïcidegedachten. En dat alles kan resulteren in een heel negatief zelfbeeld.

Ten slotte noemen we het gevoel van verlies van het vertrouwde, wat jou ervan kan weerhouden om je los te maken. Angst voor verandering is menselijk. We hechten tot op zekere hoogte aan routines en we vinden het fijn om ons veilig te voelen en de controle te hebben over wat er gebeurt.

Johanne [57 (docente), 7 jaar relatie met narcist (directeur)]: De feestjes, het uitgaan, vakanties, de reuring en natuurlijk ook wat je hebt opgebouwd met elkaar – of beter: wat ik heb opgebouwd met hem, hij bouwde met mij niets samen op – en de vertrouwdheid, gemeenschappelijke ervaringen, elkaars familie.

---

4   In tegenstelling tot het in de inleiding vermelde, gebruiken we hier de aanduiding 'slachtoffer' omdat het als syndroom een algemeen gebruikte term is.

Erica [59 (hoofd pr), 30 jaar relatie met narcist (horeca-ondernemer)]: Verdriet om geen gezin meer te zijn, ook al was het los zand.

Materiële belemmeringen
Afgezien van psychische belemmeringen speelt natuurlijk ook mee dat je in materiële zin zult moeten inleveren. Bij elke (echt)scheiding, elke losmaking is dat onontkoombaar. Inleveren ten aanzien van huis, geld, auto, vakantiereisjes, en andere vormen van luxe waaraan je gewend bent geraakt in de relatie met de narcist, vormt een behoorlijke materiële belemmering.

Babette [48 (stewardess), 4 jaar relatie met narcist (piloot)]: Ik zou moeten afzien van de luxe. Met hem was het emotioneel helemaal over door zijn narcisme, hij was veel weg.

Onze geïnterviewden hebben bij de scheiding van een narcist vaak een vechtscheiding doorgemaakt. Partners blijven soms berooid achter.

Bereid je voor op reacties
Aan het moment dat je besloten hebt je los te maken, gaat wellicht een lange periode van twijfel, nadenken en onzekerheid vooraf. Dat is een verinnerlijkt proces, dat je hooguit met een paar intimi hebt besproken. Op het moment dat je met je beslissing naar buiten komt, word je geconfronteerd met de reacties van de narcist, de eventuele kinderen en je omgeving. Omdat die reacties niet mis zullen zijn, is het aan te raden je daar goed op voor te bereiden.

De reactie van de narcist
De reacties van de narcist op jouw losmaking zullen voor jou een akelige verrassing zijn. Dat komt mede

doordat hij niet of nauwelijks een gevoelsreactie zal tonen die ook met jou te maken heeft. Als hij al emoties toont, zullen die vooral over hemzelf gaan.

Misschien zie je nu voor het eerst in alle helderheid zijn koele en berekenende gedrag. Nu hij in de gaten krijgt dat zijn mooie praatjes en manipulaties op jou geen effect meer hebben, raakt hij buiten zinnen. Als een narcist afgewezen wordt, voelt hij zich diep gekrenkt, maar hij zal dat niet laten zien aan de buitenwereld – en zeker niet aan jou. Hij doet alsof hij alles onder controle heeft en wil vooral snel overgaan op praktische zaken.

Sjoukje [53 (facilitair manager), 11 jaar relatie met narcist (arts-bestuurder)]: Ik heb hem nog nooit een traan zien laten. Ik heb geen idee wat het hem gedaan heeft. Emoties toonde hij niet. Ik heb bij hem geen verdriet gezien.

Aljo [55 (inkoopmedewerker), 38 jaar relatie met narcist (ondernemer)]: Een broer van hem zei: 'Hij huilt, maar vooral omdat hij de grip op jou kwijt is, niet om verdriet dat het voorbij is.'

Johanne [57 (docente), 7 jaar relatie met narcist (directeur)]: Hij liet geen enkel gevoel zien. Hij zei: 'Ik heb een vrouw nodig.' Hij wilde het zelfs aan houden. Hij negeerde mijn besluit een dag later compleet. Hij deed alsof er niets aan de hand was.

Babette [48 (stewardess), 4 jaar relatie met narcist (piloot)]: Ik heb geen idee hoe hij de scheiding heeft beleefd. Hij: 'Ik had nooit gedacht dat ik op mijn 55e zou scheiden, ik had niet gedacht dat jij deze stap zou zetten.' Zijn tweede reactie was: een fles wijn openen. Hij zei toen: 'Ik ben blij, ik hoef niets meer te verbergen. Ik ben blij dat ik de knoop heb doorgehakt.' Hij deed nota bene alsof hij de knoop had doorgehakt!

Vaak geeft de narcist te kennen al een andere relatie te hebben (soms ook meerdere), of hij meldt dit kort na de losmaking. De meeste narcisten blijken binnen zeer korte tijd, vaak al binnen enkele dagen, een nieuwe partner (lees: bewonderaar of 'applausmachine') te hebben. Voor jou betekent dit dat hij je eigenlijk niet nodig heeft, je doet er voor hem niet toe.

Sjoukje [53 (facilitair manager), 11 jaar relatie met narcist (arts-bestuurder)]: Toen het uit was, had hij dezelfde dag al zijn nieuwe vriendin in huis gehaald. Hij is snel met haar getrouwd, het was een vrouw met geld. Ik vond het walgelijk.

Aljo [55 (inkoopmedewerker), 38 jaar relatie met narcist (ondernemer)]: Hij zou zich schuldig moeten voelen over het feit dat hij nu in mijn zaak staat, maar hij heeft nergens last van. Op zijn Facebook staat: 'Heeft een relatie'. Het is voor mij zo'n shock na 38 jaar. Hij is helemaal niet met je bezig. Hij heeft geen gevoel.

Lucy [55 (verpleegkundige), 34 jaar relatie met narcist (projectontwikkelaar)]: Na de scheiding bespeurde ik bij hem geen enkel gevoel van berouw (ontrouw) en rouw, na zoveel huwelijksjaren. Hij zit nu bij een van zijn vriendinnen. En hij vertelt aan iedereen hoe fantastisch hij het nu heeft. Pijnlijk voor mij...

Omdat de narcist zich gekrenkt voelt, zal hij er alles aan doen om jou het leven zuur te maken. Een vechtscheiding is meer regel dan uitzondering bij het losmaken uit een narcistische relatie.

Anke [49 (verpleegkundige), 15 jaar relatie met narcist (consultant)]: Onze scheiding was duurder dan ons trouwen. De vechtscheiding duurde negen jaar.

De omgeving is geschokt

Naast de reactie van de narcist word je ook geconfronteerd met de reacties uit je omgeving. Voor familie, vrienden en collega's komt de losmaking vaak als een donderslag bij heldere hemel en mensen zullen geschokt zijn. Het ophouden van de 'schone schijn', waaraan jij ook ongewild af en toe bijdroeg, maakte dat de omgeving ervan uitging dat jullie het goed hadden. Als je dan ineens aangeeft te willen scheiden, levert dat niet direct begrip op voor jouw omstandigheden. Je ontmoet weerstand van de omgeving. Je moet uitleggen hoe de situatie in elkaar steekt en hoe moeilijk die voor jou was en is: dat je écht niet anders kon en dat het gaat om puur lijfsbehoud.

Scheiden heeft niet alleen effect op jou en je gezin, maar ook op andere direct betrokkenen. Vaak betekent een scheiding niet alleen een relatie- of huwelijksbreuk, maar tegelijk een breuk met de (schoon)familie of in de vriendenkring. Al was het maar omdat jij als scheidende partner in gesprekken met je omgeving waarschijnlijk vaak hebt gezocht naar bevestiging en steun voor jezelf. Niet zelden ontstaan er twee kampen: mensen die je wel en mensen die je niet geloven. En reken maar dat de narcist zijn uiterste best zal doen om geloofd te worden en jouw verhaal in diskrediet te brengen. In het ergste geval kunnen mensen dan besluiten het contact met jou eenzijdig te verbreken, zonder dat je daar nog iets tegen in te brengen hebt. Dat maakt het scheiden nog pijnlijker.

Scheiden van de narcist geeft veel onzekerheid. Waarschijnlijk denk je het juiste te doen, maar de stap is enorm ingrijpend en brengt veel twijfels met zich mee. Ook al weet je dat je moet stoppen met de relatie, het loslaten roept angst en onzekerheid op. Juist dan kunnen de opmerkingen van de buitenwereld er enorm in hakken.

Lucy [55 (verpleegkundige), 34 jaar relatie met narcist (projectontwikkelaar)]: Een en al verraad. Het is voor de buitenwereld niet uit te leggen: 'Dat laat jij je toch niet gebeuren. Jij?' Mijn familie was in shock. Ze zagen het totaal niet aankomen.

Frenske [48 (hrm-adviseur), 12 jaar relatie met narcist (medisch specialist)]: De omgeving zei: 'Hij is toch leuk? Jullie zijn zo'n leuk stel.'

Anke [49 (verpleegkundige), 15 jaar relatie met narcist (consultant)]: Iedereen vond het zo'n charmante man. Na de scheiding vroegen ze: 'Hoe kan dat nu, hij is zo leuk?' Niemand vroeg door na conflicten. Ik voelde het ook als een verloochening om tegen anderen iets negatiefs over hem te zeggen. Ik legde alles bij mijzelf, niemand vroeg door. Ik hield daarmee de schijn op. Ik wist op die leeftijd ook niet beter.

Lilian [50 (vertaler), 21 jaar relatie met narcist (arts)]: Zijn moeder vond hem de prins van de wereld. Alles lag aan mij, haar kind was zo goed. Iedereen vond hem leuk. Ook toen we gingen scheiden, mensen waren verbaasd.

Kiek [59 (praktijkondersteuner huisarts), 8 jaar relatie met narcist (militair)]: Goede vrienden van ons hebben nooit gemerkt dat hij me sloeg. Ongelofelijk dat mensen nooit in de gaten hadden hoe slecht ons huwelijk was. Alom verbazing: 'Hè, gaan jullie uit elkaar?'

Gelukkig zijn er ook mensen in de omgeving die de ellende van jou wél zagen en dat is een hele troost. Het idee dat het toch gezien werd, kan je steunen en kan je een bevestiging geven voor je besluit. Het maakt dat je je niet helemaal alleen voelt.

Erica [59 (hoofd pr), 30 jaar relatie met narcist (horeca-ondernemer)]: De omgeving... zij zagen het wel: 'Jij trok aan een dood paard.'

Marianne [61 (psycholoog), 20 jaar relatie met narcist (directeur)]: Mijn moeder zei: 'Dit hebben wij altijd al gedacht, dat het geen goed huwelijk was.'

Steun... maar nu pas?
Ondersteunende opmerkingen zullen je goed doen en je mogelijk bevestigen dat je de juiste stap hebt gezet. Ze helpen je je zekerder te voelen, maar ze hebben ook een keerzijde. Je vraagt je af waarom mensen – zeker als het directe familieleden of vrienden zijn – nooit iets hebben gezegd over het vaak onaanvaardbare gedrag van de narcist. Waarom hebben ze nooit belangstelling getoond of het wel goed ging tussen jullie? Of hoe het met jou ging vanwege zijn gedrag? De schroom om zich te bemoeien met de relatie van een ander weerhoudt veel mensen ervan om over dat alles vragen te stellen.

Vaak blijkt na de losmaking dat de omgeving al langere tijd wél doorhad dat er iets fundamenteel niet goed zat tussen jullie.

Stef [60 (geestelijk verzorger), 7 jaar relatie met narciste (secretaresse)]: Ze wilde studeren en wilde dat één dag per week in het huis van een ongetrouwde vriendin ongestoord kunnen doen. Maar later bleek ze daar maandenlang met haar vriendje te hebben liggen hupsen. Buren zeiden dat tegen mij, helaas achteraf: 'We vroegen ons af: hoe houdt Stef het vol?'

Andrea [61 (medisch adviseur), 12 jaar relatie met narcist (directeur)]: Zijn broer zei: 'Hij is ongeschikt voor relaties. Had ik het je moeten zeggen? Had je geluisterd?'

Je kunt wel stellen dat reacties uit je omgeving je niet altijd helpen – de ene keer wel, de andere keer niet. De losmaking blijft voor jou een taai en eenzaam proces. De kans is groot dat je je nóg meer alleen voelt. Mogelijk zoek je nu steun in je sociaal netwerk of bij een hulpverlener.

Na het losmaken nu het verwerken?
De losmaking is een feit. Misschien denk je het gemanipuleer, het negeren, de vernederingen en alle andere ellende nu eindelijk achter je te kunnen laten. Maar voor jou is de kous nog niet af. Bij veel aangelegenheden heb je nog met hem te maken: de kinderen, de afwikkeling van de scheiding et cetera. Op al deze momenten zal de narcist alles doen en niets nalaten om jou te laten merken dat de losmaking hem niets doet en dat hij gelukkig weer een nieuwe partner heeft.

Waarschijnlijk hoopte jij nu toe te komen aan het verwerken van alles wat er de afgelopen jaren is gebeurd. Maar dat valt toch wat anders uit dan je na die losmaking vermoedde. De gewenste verwerking wordt sterk ingekleurd door nieuwe krenkingen van hem. We laten in het volgende hoofdstuk zien hoe dat in zijn werk gaat.

'Waarom heb ik dit in hemelsnaam laten gebeuren?'

7
VERWERKING

Na de zoveelste onverdraaglijke gebeurtenis of reeks van gebeurtenissen ben je hopelijk zo ver gekomen dat je de relatie hebt beëindigd. Dat betekent bovenal dat je afscheid hebt genomen van een illusie die je ooit had. Dat afscheid is hoe dan ook een verlies, want wat er was, is niet meer. En een verlies moet je verwerken.

We laten in dit hoofdstuk zien hoe de verwerking van het verlies van een relatie met een narcist verloopt.

Je bent in shock

Het verwerken van een verbroken relatie met een narcist is een complex proces. Vaak doen partners namelijk ook na het verbreken pijnlijke ontdekkingen. Denk aan het al langere tijd bestaan van liefjes van hem, of aan de triomfantelijke en egocentrisch getinte mededelingen die de narcist verspreidt, ook in jouw omgeving (familie, vrienden), over de oorzaken van de scheiding. De kans is groot dat je hierover in shock bent, wat de verwerking extra moeilijk maakt. Op deze manier krijg je, na wat er allemaal met jou gebeurd is in de relatie met de narcist, nog een extra klap na.

Herman [67 (zzp'er arbeidstoeleiding), 28 jaar relatie met narciste (maatschappelijk werkster)]: Ik ontdekte na de breuk dat ze tijdens mijn ziekte geld uit mijn bedrijf heeft gehaald. Ik raakte daardoor failliet. Met het geld vluchtte ze naar Frankrijk.

Kees [45 (jachtopziener), 7 jaar relatie met narciste (docent)]: Later kwam ik door toeval in haar computer bij haar agenda. Ik zag alle zeven mannen met wie ze iets deed, volgens lijstjes. Dit was een enorme shock, verbijsterend. Op mijn dieptepunt sliep ik één uur per nacht en zat voor de rest met mijn hond in het bos. Maar gek genoeg was het ook wel een opluchting voor me. Mijn achterdocht en intuïtie bleken achteraf terecht te zijn, ik was niet de zeikerd.

Lilian [50 (vertaler), 21 jaar relatie met narcist (arts)]: Toen hij wegwilde, versprak hij zich over zijn aanstaande huwelijk met haar.

In deze nieuwe realiteit kunnen door dit soort gebeurtenissen nieuwe gevoelens van verdriet, spijt, angst en onzekerheid naar boven komen. Je ontdekt dat je heel veel hebt gegeven voor iets – een wederkerige relatie – wat in feite niet bestond, en dat je daarin jezelf ook nog af en toe dreigde kwijt te raken. Ook is de kans groot dat je last krijgt van verlatingsangst, een angst die we allemaal wel eens ervaren als de hechting aan een belangrijke persoon wordt verbroken.

Vragen, vragen...

Je moet jezelf terugvinden en daarvoor kan het nodig zijn om terug te kijken op wat geweest is. Maar daarin zal nog veel onduidelijk blijven. Je zult het allemaal niet zo een-twee-drie begrijpen. Dat geldt vooral voor de complexe interactie met de narcist, waarin je dreigde meegezogen te worden naar voor jou onbekend en ongewenst gedrag van jezelf. Mogelijk heb je ook vragen over je eigen aandeel daarin en waarom je het hebt laten gebeuren. Verwarrende en gekmakende gedachten kunnen door je hoofd schieten. Veel ex-partners stellen zichzelf steeds weer dezelfde vragen:

- Hoe heb ik het kunnen laten gebeuren?
- Waarom ben ik niet eerder weggegaan?
- Waarom is alles zo moeilijk te verwerken?

Voor jou betekent 'verwerking' waarschijnlijk vooral: het beantwoorden van deze vragen.

Hoe heb ik het kunnen laten gebeuren?

De partners die wij hebben geïnterviewd, manifesteerden zich tegenover ons als redelijk denkende, invoelende en vaak aardige mensen. De meesten waren weliswaar nog heel gefrustreerd over de voorbije periode, maar ze waren ook bereid om dat onder ogen te zien. Wij legden hun de vraag voor: 'Hoe kan het dat jij er zo bent ingetuind, dat je dit niet hebt gezien?' Deze vraag bleek ook de partners zelf nog danig bezig te houden.

Frederike [42 (juriste), 10 jaar relatie met narcist (salesmedewerker)]: Hoe heeft mij dit kunnen gebeuren? Hoe kan het dat ik het niet eerder heb gezien? Zoveel jaren... Ik herken het nu bij anderen, iedereen kan wel iets verkeerds doen. Hoe heb ik het vol kunnen houden? Waarom ben ik zo stom dat ik het niet doorhad?

Herman [67 (zzp'er arbeidstoeleiding), 28 jaar relatie met narciste (maatschappelijk werkster)]: Als ik nu, op mijn 67e, de balans opmaak: het is me allemaal niet gelukt en ik heb niet meer de kans een herstart te maken.... Ik ben de brokstukken bij elkaar aan het rapen. Ik voel me beschadigd, verbitterd, vertrouw niks en niemand meer.

Nu je wellicht met wat meer afstand naar jezelf kijkt, dringt het tot je door wat er al die jaren is gebeurd. Waarschijnlijk snap je niet goed wat je hebt gedaan in de relatie. De meeste ex-partners worden zelfs boos op

zichzelf, juist omdat ze hun eigen gedrag niet begrijpen. Zelfverwijt kan zo ontstaan. Het was een proces waar de partners de vingers niet achter kunnen krijgen.
In hoofdstuk 4 hebben we uitgelegd wat de mogelijke redenen zijn dat partners zo lang blijven doorgaan in een slechte relatie: het is een langzaam en sluipend proces, dat zo geleidelijk gaat dat je het bijna niet merkt, je vergoelijkt zijn gedrag (dissonantietheorie), op verschillende manieren manipuleert de narcist je, jouw overtuigingen (over onder andere eigenwaarde en trouw) en tot slot het verslavingsmechanisme dat ontstaat door partiële bekrachtiging (af en toe belonen). Deze aspecten spelen een rol bij het stug blijven doorgaan in de relatie.

Waarom ben ik niet eerder weggegaan?
Bij het verwerken van de voorbije relatie is het beantwoorden van deze vraag pijnlijk. Het suggereert immers dat de voorbije tijd zinloos was, een verspilling van je leven. In werkelijkheid is dat lang niet altijd het geval. We hebben gezien dat er in de fasen van 'bekoring' en 'ingesponnen worden' veel mooie momenten waren, je was verliefd en je was waarschijnlijk ook enthousiast over wat jullie samen deden.

Bij het beantwoorden van deze vraag speelt dat wat in het algemeen geldt je wellicht parten: terugkijken en verwerken vanuit een somber hier-en-nu maakt je blik en geheugen selectief. Je zoekt alle narigheid bij elkaar die je somberheid bevestigt. De 'waarom'-vraag kan je dan ook danig kwellen.

Sjoukje [53 (facilitair manager), 11 jaar relatie met narcist (arts-bestuurder)]: Het is dan wel letterlijk afgesloten, maar dieper gelegen blijft voor mij de vraag: 'Hoe is het mogelijk dat ik hierin zo ben blijven hangen, zo lang? Hoe komt het

dat ik nu pas die vraag stel?' Ik wist in mijn hoofd dat het fout was, maar toch ging ik steeds weer naar hem terug. Waarom gunde ik mezelf niet het moment van inpakken en wegwezen? Ik deed het, maar was zo weer terug.
Herman [67 (zzp'er arbeidstoeleiding), 28 jaar relatie met narciste (maatschappelijk werkster)]: Ik heb mezelf honderdduizend keer afgevraagd: had ik er niet veel eerder mee moeten stoppen? Waarom ben ik zo lang doorgegaan?

Waarom is alles zo moeilijk te verwerken?
Het gedrag van narcisten is zo koel en berekenend dat veel (ex-)partners zich dat gewoon niet kunnen voorstellen. Daardoor is de verwerking bij een relatie met een narcist extra zwaar in vergelijking met die van een scheiding in een 'normale' relatie. Welke specifieke factoren spelen daarbij een rol? Dit zijn de vier belangrijkste:

- Ongeloof over wat er gebeurd is
- Het gevoel afgedankt te zijn
- Schaamte tegenover de omgeving
- Financieel uitgekleed worden

We lichten ze hierna toe.

Ongeloof over wat er gebeurd is
Na het beëindigen kan er bij jou ongeloof en enorme woede ontstaan. Je bent wellicht in shock. Want wat gebeurt er? Je ontdekt dat de narcist er op geen enkele manier mee lijkt te zitten dat de relatie voorbij is. Afscheid nemen en rouwen doet hij niet. Het is alsof hij zich al die jaren helemaal niet aan jou heeft gehecht. Hij maakt nu een kille en berekenende indruk en heeft binnen de kortste keren een nieuwe partner. Mogelijk zet hij de kinderen tegen je op.

Esther [61 (docente), 12 jaar relatie met narcist (consultant)]: Ik voelde mij slachtoffer na de scheiding, ik was zó boos. Ik word bozer, nu, steeds meer. Eerst dacht ik: 'Rustig uit elkaar gaan, ik wil niet vechten.' Ik dacht: 'Als ik maar schik, dan gaan we op een harmonieuze manier uit elkaar.' Maar dat lukt niet, ik moet erg opletten dat hij er niet met alles vandoor gaat.

Kees [45 (jachtopziener), 7 jaar relatie met narciste (docent)]: Na onze relatie appte zij mijn verhalen over mijn eerste vrouw achter mijn rug om naar haar, heel gemeen. Dat doet ze nu ook met mijn dochters van mijn eerste vrouw: ze tegen mij opstoken, ons uitspelen.

Het gevoel afgedankt te zijn

Mogelijk voel je je – door de reactie van de narcist op de beëindiging van de relatie – niet bevrijd, maar afgedankt. Bijvoorbeeld omdat de narcist binnen no-time weer een nieuwe partner heeft (lees: een nieuw slachtoffer), of omdat hij in triomfantelijke bewoordingen aan jouw omgeving laat zien hoe goed het is dat de relatie met jou voorbij is.

Johanne [57 (docente), 7 jaar relatie met narcist (directeur)]: Wat me compleet heeft verward: aan de ene kant verwaarloost hij je, negeert je en krenkt je. En aan de andere kant wil hij je behouden in de relatie. Het is zó tegenstrijdig... Je denkt dat hij van je houdt omdat hij je niet kwijt wil. Maar hij laat je zomaar los en laat je compleet vallen.

Je voelt je dubbel afgedankt als de narcist zélf de relatie heeft beëindigd, wat bij de 25 geïnterviewden tweemaal het geval was.

Herman [67 (zzp'er arbeidstoedeling), 28 jaar relatie met narciste (maatschappelijk werkster)]: Ze zei op een gegeven moment: 'Ik heb twee mededelingen: je krijgt geld terug van de belastingen, en ik heb een ander.' Geen enkele empathie. Ze ging vervolgens ook nog eens mij achter mijn rug om zwart maken.

Schaamte tegenover de omgeving
Primair kunnen veel partners last van schaamte tegenover zichzelf hebben: 'Hoe heb ik het allemaal kunnen laten gebeuren?' Maar er is ook schaamte tegenover de kinderen, de familie en vrienden; opnieuw komt er bij jou pijn en verdriet. Hoe kun je hun verklaren wat er allemaal gebeurd is in de op zijn zachtst gezegd merkwaardige relatie met de narcist? Snappen zij echt wel dat jij geen andere keus had dan de relatie te beëindigen?

Aljo [55 (inkoopmedewerker), 38 jaar relatie met narcist (ondernemer)]: Ik heb het juist voor de kinderen heel lang volgehouden in mijn huwelijk. Nu spreken zij mij aan op de scheiding. Mijn kinderen snappen het niet.

Karin [79 (gepensioneerd), 25 jaar relatie met narcist (verkoopleider)]: Ik wilde de kinderen niet betrekken in onze ruzies. Zo erg dat ik het huwelijk moet opgeven en dat ik het hun moest vertellen. Ik voelde mij schuldig.

Financieel uitgekleed worden
Een ander belangrijk aspect is dat veel ex-partners zonder scrupules financieel uitgekleed worden door de narcist. Hij deinst er niet voor terug om je ook via de financiën 'terug te pakken' na beëindiging van de relatie met jou. Hij gaat daarbij *rücksichtslos* te werk: bedrijven worden toegeëigend, de woning blijkt alleen op zijn naam te staan.

Aljo [55 (inkoopmedewerker), 38 jaar relatie met narcist (ondernemer)]: Hij heeft mij financieel helemaal uitgekleed. Door allerlei slimme trucjes heeft hij zelfs mijn huis met bedrijf ingepikt.

Esther [61 (docente), 12 jaar relatie met narcist (consultant)]: Echt alles wilde hij hebben, hij gunde mij niets. Zelfs mijn persoonlijke spullen en herinneringen – over elk schilderijtje en dvd was er gedoe.

Emotieverloop in de relatie met een narcist

Nu de relatie voorbij is, wordt het je duidelijk wat er met jou gebeurd is. Langzamerhand is er een vorm van ambivalentie in de relatie geslopen, waarbij je je afwisselend aangetrokken tot hem en afgestoten door hem voelde. Er waren ruzies, er ontstond verwijdering en daarna was het weer een tijd plezierig. Dan begonnen de ruzies opnieuw, met verwijdering als gevolg. Dit patroon ging door en door: aantrekken en afstoten.

Deze ambivalentie in de relatie maakt dat de rouw over het verlies complex is. Parkes en Weiss (1983) onderscheiden daarom ook de conflictueuze rouw, die het gevolg is van het verlies van een ambivalente relatie, van de 'gewone' rouw. Bij de conflictueuze rouw is sprake van intens verdriet, boosheid, schuldgevoelens, zelfverwijt en zelfs de wens om de band te herstellen, zodat alles opgelost kan worden. Schuld en spijt worden afgewisseld met opluchting en bevrijding. Vooral boosheid en zelfverwijt kunnen lang blijven bestaan. Rouw in een voorbije narcistische relatie kan daardoor gecompliceerder zijn dan in een 'gewone' relatie. De ambivalentie in de relatie is de reden dat de verwerkingsfase gecompliceerd is: het duurt lang en er spelen allerlei verwarrende en soms tegenstrijdige gevoelens mee.

7 Verwerking

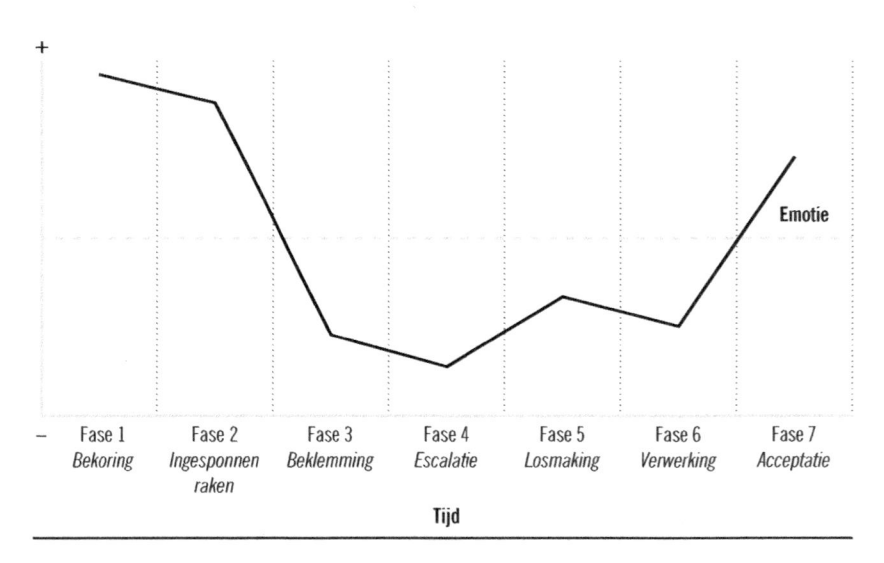

Figuur 7.1 De emotieontwikkeling in een narcistische relatie (Vlottes, Wienke 2019)

Op basis van de interviews zijn we gekomen tot bovenstaande figuur. Als we de emoties (y-as) gedurende de relatie met de narcist (x-as) in kaart brengen, zie je dat ze nogal fluctueren.

Aanvankelijk, in de fase van bekoring, zijn de emoties heel positief: tijdens de verliefdheid voel je je vast en zeker heerlijk. Dan, in de fase van ingesponnen worden, ontstaan er mogelijk minder positieve emoties: de euforie van de verliefdheid wordt minder. Je gaat je ongemerkt een beetje aanpassen. Vervolgens, in de fase van beklemming, zijn er sterk negatieve emoties. Je voelt de beklemming toenemen en zult je daardoor meer en meer gaan aanpassen.

In de fase van escalatie treedt het emotioneel gezien absolute dieptepunt op, namelijk het vernederen, negeren en mishandelen dat leidt tot het kantelpunt waarop je je bewust wordt van 'dit niet meer'. De fase van losmaking geeft je dan weer kracht en moed, doordat je zelf het heft in handen neemt.

Daarna komt de verwerking van de relatie, wat gezien de kwetsende reacties van de narcist (inwisselen voor een ander, financieel strippen, kinderen opstoken) opnieuw een dieptepunt voor jou kan zijn. Door de psychologische afstand die je nu schept, ga je duidelijker zien wat er gebeurd is.

Het kan zijn dat je bevangen en verward raakt door emoties zoals onbegrip en verdriet. Je hoopte misschien dat je bevrijd zou zijn, maar dat is helemaal niet zo. Hoewel je enerzijds meer vrijheid ervaart, voel je je anderzijds juist méér slachtoffer. Je wordt je immers meer en meer bewust van hetgeen je hebt ondergaan: hoe de narcist jou in zijn web heeft gesponnen en heeft leeggezogen. Deze ambivalentie en verwarring leveren een lange verwerkingstijd op.

In vergelijking met 'normale' verwerking verschilt overigens niet alleen de verwerkingsduur, maar ook de grote kans op onvolledigheid van de verwerking na losmaking in een relatie met een narcist. We lichten dit toe.

Onvolledige verwerking
Het kan te pijnlijk voor je zijn om dat wat er gebeurd is, ten volle te beseffen. Het geheel of gedeeltelijk ontkennen van wat jou allemaal is overkomen, en wat het voor jou heeft betekend, kan een bewuste of onbewuste weigering zijn om de negatieve realiteit onder ogen te zien. Het is een natuurlijke vorm van zelfbescherming. Dit kan je namelijk helpen om zelf te bepalen in welk tempo het verdriet en woede worden toegelaten. Mogelijk laat je niet meer binnen dan je aankunt. De keerzijde van deze zelfbescherming is dat je bij te veel ontkenning en het te weinig onder ogen zien van de waarheid jezelf afsluit van echte acceptatie in een later stadium. Bij het verwerken hoort het accepteren van je pijn en verdriet, en ook dat

je je eigen rol in de relatie onder ogen wilt zien. Je zult moeten begrijpen met welke persoonlijkheidsstoornis van de ander je te maken hebt gehad en dat, wát je ook deed, het in die zin nooit had kunnen lukken.

Het goed en volledig verwerken is geen kwestie van weken of maanden. Misschien stel je jezelf voortdurend vragen over de voorbije periode. Er kunnen vele jaren van verwerking overheen gaan voordat je begrijpt en accepteert wat er gebeurd is en wat jouw aandeel en rol was in de complexe relatie met de narcist.

Wat belemmert een goede verwerking?

Boosheid
Voor de narcist is de beëindiging van de relatie heel krenkend, al zal hij die krenking niet tonen. Hij zal zelfs met bravoure beweren dat hij er een punt achter heeft gezet, en hardnekkig ontkennen dat jij het hebt uitgemaakt. Zijn volgende partner zal hij zo snel mogelijk aan de wereld tonen. Maar hij blijkt ook alles te doen wat in zijn vermogen ligt om jou ook ná de beëindiging te kwetsen en te beschadigen. Jij hebt immers zijn vermeende 'grandiositeit' aangetast! Hij zal negatief over je praten en je proberen zwart te maken. Zijn boosheid komt voort uit diepe gekrenktheid. Jouw begrijpelijke boosheid en gekwetstheid daarover belemmert de verwerking van alles wat in de voorbije relatie is gebeurd, want je hebt je aandacht nu gericht op de actuele sores.

Karin [79 (gepensioneerd), 25 jaar relatie met narcist (verkoopleider)]: Hij zei na de scheiding tegen iedereen: 'Zij heeft mij zomaar op straat gezet.'

Stef [60 (geestelijk verzorger), 7 jaar relatie met narciste (secretaresse)]: Ik was zó kwaad, wilde hele rechtszaken tegen haar voeren om haar voor altijd het zwijgen op te leggen. Ik had ook suïcidale gedachten, maar kon mezelf op tijd toespreken... Ik sliep er nachten niet van. Ik zou haar wel dood kunnen slaan.

Ook als hij jou financieel probeert uit te kleden, is het niet gek dat je je gekwetst en boos voelt.

Esther [61 (docente), 12 jaar relatie met narcist (consultant)]: Onvoorstelbaar, de man met wie je twaalf jaar getrouwd bent geweest, dat hij me zo'n poot uitdraait. Disrespect, voel me belazerd, op alle fronten.

Het is te hopen dat jij bestand bent tegen zijn wraaknemingen. Als de narcist zich zo gedraagt, wordt er veel van jouw incasseringsvermogen gevraagd. Jouw boosheid is begrijpelijk en hoeft de verwerking niet te belemmeren. Alleen als jouw boosheid lang blijft bestaan en overgaat in bitterheid, dan staat het de verwerking in de weg.

Verslaafdheid aan de relatie
Een relatie kan verslavend zijn, zelfs de relatie met een narcist. En de verslaving is belemmerend voor een goede verwerking.

In de hoofdstukken 1 en 5, waar het onder meer over de verslavende werking van deze relatie ging, kwam naar voren dat de hormoonhuishouding en het brein in samenhang een geraffineerde rol spelen bij het gehecht blijven. Die gehechtheid blijft door de verslavende werking lang bestand tegen uitdoving. Je bent verslaafd geraakt aan de relatie, zelfs na verbreking, en dat maakt je boos op jezelf. Want dat wil je niet, je wilt ervanaf. Bovendien verwart het je, want je denkt: 'Had ik het toch moeten aanhouden? Houd ik dan misschien toch nog van hem?' Je raakt bevangen door tegenstrijdige gevoelens. De verslavende werking van de relatie door de partiële bekrachtiging is nog niet verdwenen. Je verlangt naar het gevoel dat je had toen je bij hem was, maar je wilt dat helemaal niet. Je snapt jezelf eigenlijk niet in je denken en je gevoel. Je bevriest als het ware, want niks wat je zou kunnen doen, voelt goed.

Andrea [61 (medisch adviseur), 12 jaar relatie met narcist (directeur)]: Ook het patroon van onveiligheid – afstoten en aantrekken – wordt een herhalend patroon. Door de herhaling roept het toch vertrouwdheid en daarmee veiligheid op. De vertrouwdheid was opeens weg, raar genoeg.

Babette [48 (stewardess), 4 jaar relatie met narcist (piloot)]: Het is tegenstrijdig wat ik voel. Soms mis ik ook dat er niemand naast mij in bed ligt. Ik ben niet sterk genoeg om daartegen weerstand te bieden. Als we weer contact zouden hebben... Er is nog zoveel energie die hij uitstraalt. Het hart zat mij in de keel toen ik hem zag. Het fysieke trekt zo sterk. Als ik aan hem denk, mis ik hem bijna lijfelijk. Ik weet dat het niet goed is. Verlangen is een te groot woord, maar je lichaam spreekt een andere taal. Lichaam en verstand reageren los van elkaar. Ik wil het niet, maar mijn lichaam wordt als het ware naar hem toe gezogen.

Geen gedeeld begrip mogelijk
Ook het ontbreken van gedeeld begrip is een belangrijke belemmering voor goede verwerking. De relatie zal immers onaf blijven. Om het wél samen 'af' te maken is een gesprek nodig, maar dat is met de narcist niet mogelijk.

Het is zo goed als uitgesloten dat je achteraf tot gedeeld begrip komt over het waarom van de breuk. De relatiebreuk is niet af te hechten. Het blijft daarmee een open wond voor lange tijd.

Kiek [59 (praktijkondersteuner huisarts), 8 jaar relatie met narcist (militair)]: Het is zinloos om met hem te praten, hij blijft volhouden dat hij gelijk heeft.

Esther [61 (docente), 12 jaar relatie met narcist (consultant)]: Hij zegt dat hij mij goed heeft achtergelaten, dat we goed uit elkaar zijn gegaan. Ik ontplof als ik dat hoor, ik heb alleen maar gevochten met hem en heel veel ellende beleefd. Hij is zó tevreden over zichzelf. Praten met hem heb ik opgegeven. Dat levert alleen maar frustratie op. Ik zie hem niet meer.

Wat bevordert de verwerking?

Door afstand te nemen van wat er gebeurd is, kan inzicht ontstaan. Soms is dat letterlijk afstand nemen: alles verwerken op een andere plek dan het huis waar je met de narcist hebt gewoond. Het kan ook helpen door er met afstand naar te kijken, bijvoorbeeld na het lezen van een artikel over een narcistische relatie. Je kunt dan wat meer zicht krijgen op de aard van een narcistische relatie, de patronen die ontstaan, en je eigen positie en rol in de relatie met de narcist.

Het kan uiteraard ook erg helpen om erover te praten met een goede vriend en/of een deskundige hulpverlener. Via een gesprek met een betekenisvolle ander kun je voorkomen dat je jezelf nieuwe ellende bezorgt door alles op jezelf te betrekken.

7 Verwerking

Leon [37 (universitair docent), 5 jaar relatie met narciste (docente)]: Een vriend luisterde alleen maar naar me, en nam daarvoor alle tijd. Ik hoorde mezelf praten en ging anders, verkeerd denken. Op een gegeven moment werd die vriend kwaad: 'Het klopt niet wat je zegt.' Hij betrapte mij op denkfouten. Die reactie kwam wel binnen bij mij.

Anke [49 (verpleegkundige), 15 jaar relatie met narcist (consultant)]: Pas na de scheiding werden mij de ogen geopend, door wat de hulpverleners deden. Systematisch. Ik kon in een veilige omgeving beter kijken. Ook in dit interview vallen de puzzelstukjes in elkaar. Eerder lukt niet, de scheiding, de pijn, ernaar durven kijken, er is geen ruimte.

In deze verwerkingsfase is sprake van een scala aan wisselende emoties waardoor jij nog bevangen bent: boosheid, verlangen, ontkenning, verwarring en zelfverwijt. Je kijkt als het ware nog door een sterk gekleurd filter naar jouw werkelijkheid en je verleden.

Hopelijk lukt het je de situatie langzamerhand steeds beter onder ogen te zien, dankzij het lezen over narcisme en gesprekken met vrienden of deskundigen. En als je erin slaagt om je bewust te worden van de complexiteit van een narcistische relatie, zal het accepteren van alles wat er gebeurd is je beter afgaan. Dat is echter makkelijker gezegd dan gedaan. Daarover meer in het volgende hoofdstuk.

'Ik was slechts een pion in zijn schaakspel.'

8
TERUGBLIK EN ACCEPTATIE

Na de verwerking van je relatie met een narcist is het belangrijk terug te kunnen kijken op de hele periode van bekoring tot en met losmaken. Wij laten hierna zien welke betekenisvolle antwoorden de geïnterviewden gaven op de vragen die wij hun stelden over 'terugkijken' en 'acceptatie'.

Kosten en baten van de relatie

We hebben de partners de vraag gesteld wat deze relatie hun heeft opgeleverd aan baten, aan goede dingen, en wat het hun heeft gekost, de kosten. Wat hebben ze ingeleverd? De antwoorden hebben betrekking op zowel de relatie als de scheiding.

Anke [49 jaar, duur relatie 15 jaar, 7 jaar geleden beëindigd]: Ik kan nooit meer een nieuw gezin stichten, ik kan het ook niet herstellen, ook voor de kinderen heb ik met de beëindiging een keuze gemaakt. Baten: iedereen kan meer zichzelf zijn, niet meer naar zijn ideaalbeeld leven.

Belinde [46 jaar, duur relatie 18 jaar, 8 jaar geleden beëindigd]: Ik kreeg een kind, en zijn familie. Kosten: mijn identiteit. Spontaniteit, blijheid, vreselijk lachen... allemaal weg. Je doet alles om zo'n man gunstig te stemmen. Voor de gezelligheid, om het maar leuk te houden. En dan verlies je jezelf helemaal.

Daniela [29 jaar, duur relatie 5 jaar, 2 jaar geleden beëindigd]: Het heeft niets aan baten opgeleverd, het heeft afgepakt wie ik was. Ik krijg niet meer terug wie ik was. Maar ik ben niet boos. Wat gebeurd is, is gebeurd, niets aan te doen. Het is nergens goed voor geweest... destructief, levens-veranderend.

Stef [61 jaar, duur relatie 7 jaar, 6 jaar geleden beëindigd]: 'Ze heeft mijn identiteit proberen weg te nemen, een soort depersonalisatie, door te bepalen wat ik moest denken, moest doen. Zij heeft het vertrouwen bij mij kapotgemaakt dat ik ooit nog een relatie kan vinden met een vrouw. Maar... ik kan de kennis over narcisme gebruiken in mijn werk. En ik ben het 'van me af gaan schilderen', met veel plezier. Ik heb ontdekt dat ik niet meer zo moet zorgen voor de ander en daarbij mezelf verliezen.

Hoewel partners ook heel soms baten kunnen noemen bij de voorbije relatie, zijn de psychologische opbrengsten van de relatie met de narcist bijna altijd heel negatief.

Het blijkt dat het beeld van de relatie voor jou in de loop van de tijd behoorlijk gekanteld is. Wat eerst mooi leek (de baten) en toen een beperkt aantal negatieve kanten had, is nu zwaar negatief geworden. Het kan zijn dat je in de loop van de tijd met een andere bril bent gaan kijken; de bril van vergoelijken en nuanceren heb je afgezet en dat toont je alles in een heel ander perspectief. Alle pijn kun je nu toelaten en ervaren. In alle helderheid zie je waarschijnlijk ook wat je hebt ingeleverd in de relatie.

Waarin ben je het meest teleurgesteld?
Als partner in een narcistische relatie word je met veel teleurstellingen geconfronteerd. We hebben de geïnterviewden gevraagd wat voor hen de grootste teleurstelling was.

8 Terugblik en acceptatie

Herman [67 jaar, duur relatie 28 jaar, 7 jaar geleden beëindigd]: Zij heeft mijn kinderen hun vader ontnomen. Ze is steeds kwaadaardiger geworden. Nu de balans, op mijn 67e: het is me allemaal niet gelukt en ik heb niet meer de kans een herstart te maken.

Saartje [62 jaar, duur relatie 33 jaar, 4 jaar geleden beëindigd]: Geen saamhorigheid, weinig empathie, ik ben bedonderd en beduveld.

Aljo [55 jaar, duur relatie 32 jaar, 3 jaar geleden beëindigd]: Het ergste vind ik om me te realiseren dat hij waarschijnlijk nooit van mij heeft gehouden! Dat vind ik het ergste. Alleen maar kou... Wat heb ik voorgesteld? Niets.

Frenske [48 jaar, duur relatie 12 jaar, 4 jaar geleden beëindigd]: Ik voel mij miskend als mens, zowel in de relatie als na afloop. Ik ben gebruikt voor zijn doelen. Hoe heb ik me zo kunnen vergissen? Ik ben ziende blind geweest.

De desillusies die men nu onder ogen durft te zien, maken duidelijk dat de balans bij veel partners heel negatief is. De pijn wordt in alle hevigheid gevoeld. Er komen andere gevoelens op, die tijdens de relatie waarschijnlijk onderdrukt zijn: verdriet, boosheid en zelfverwijt.

Bij het stellen van deze vraag merkten wij dat die voor meerdere geïnterviewden nogal bewustmakend was. Dat is ook goed voorstelbaar: je maakt bij beantwoording als het ware de balans op en het resultaat daarvan is negatief. Je moet onder ogen zien dat jouw teleurstelling over de relatie enorm is en dat die ook nu nog steeds in je hoofd en lichaam merkbaar en voelbaar is. Tijdens de relatie wilde je waarschijnlijk een dergelijke bewustwording vermijden.

Hoe kijk je nu op je relatie terug?
We hebben de vraag gesteld hoe de partners terugkijken op de relatie met de narcist, zoveel jaar na de scheiding. Duidelijk werd dat 'acceptatie' van wat gebeurd is vaak heel moeilijk is.

Verbittering
Karin [79 jaar, duur relatie 25 jaar, 26 jaar geleden beëindigd]: Eigenlijk heb ik geen man gehad, maar een lastig kind erbij. Het zijn verloren jaren geweest.

Herman [67 jaar, duur relatie 28 jaar, 7 jaar geleden beeindigd]: Als ik de balans opmaak, ben ik er nu heel slecht aan toe: suïcidegedachten, heel weinig mensen begrijpen me, de therapeut ook niet. Ik voel me slachtoffer van narcisme. Ik heb geen contacten meer met de kinderen, door haar... soort van verstoten-oudersyndroom. Ik heb angst voor totale vernietiging, wil niet dood, maar weet niet hoe ik moet leven. Ik heb geen verleden meer, dat is bezoedeld, niks moois meer, ook niet de kinderen. Waar ben ik dan als ouder geweest? Ik heb me altijd 300% voor ze ingezet.

Kiek [59 jaar, duur relatie 9 jaar, 19 jaar geleden beëindigd]: Waarom heb ik mij dit laten overkomen? Pas achteraf stel ik mij die vraag. Ik praatte er niet over. Uit schaamte, alleen met de allerbeste vriendin kon ik praten, na afloop...

Lucy [55 jaar, duur relatie 35 jaar, 3 jaar geleden beëindigd]: Het is zo verraderlijk, dat hij in staat is je zo'n slecht gevoel over jezelf te geven. Zijn gedrag goedpraten door jou te beschuldigen. Je denkt in een echt leven te leven, je komt erachter dat je in een fakewereld hebt gezeten.

Verbazing
Anke [49 jaar, duur relatie 15 jaar, 7 jaar geleden beëindigd]: Ik kon nog erg veel leren, dat mensen zo harteloos kunnen zijn. Ik kan het soms niet geloven.

8 Terugblik en acceptatie

Andrea [61 jaar, duur relatie 5 jaar, 3 jaar geleden beëindigd]: Dat ik mij zo instrumenteel heb laten inzetten... Ik begrijp dat niet van mijzelf. Waarom zag ik dat niet? Hij hield niet van mij, maar zette me in als het hem uitkwam. Waarom heb ik dat niet eerder gezien?

Gevoelens van verbittering en verbazing bestaan nog steeds, ook al is de relatie jaren geleden geëindigd. Bij het merendeel van de partners overheersen negatieve gevoelens. Acceptatie van wat gebeurd is, is niet aan de orde, ofschoon voor enkelen de relatie al vele jaren voorbij is.

Uit de antwoorden wordt duidelijk dat sommige partners de verantwoordelijkheid voor wat er gebeurd is vooral bij zichzelf leggen. Nu is op zich het nemen van eigen verantwoordelijkheid een in normatief opzicht te waarderen principe, en ook iets wat in de psychologie bekend staat als behorend tot gezonde autonomie en zelfbepaling. Maar soms kan ook te veel of ten onrechte alle verantwoordelijkheid bij jezelf komen te liggen. Dit wordt 'retroflectie' genoemd, wat inhoudt dat je alles vertaalt (ombuigt) naar jezelf. Je gaat als het ware in jezelf zitten wroeten in plaats van je aandacht en energie te richten op de ander. 'Lichamelijke beschadiging van jezelf in plaats van slaan van de ander' is de manier om het plastisch uit te drukken. Dit kwam ook naar voren in de interviews: partners die de verantwoordelijkheid vooral bij zichzelf bleven leggen, bleken een grotere kans te hebben op een verwerking die blijft steken.

Is de narcist verantwoordelijk voor zijn gedrag?

Dit is welhaast een filosofisch-ethische kwestie, maar het is belangrijk voor jou in het licht van de acceptatie van wat geweest is. De vraag betreft de kwestie of de narcist een slachtoffer is, omdat hij een persoonlijkheidsstoornis heeft en daar niets aan kan doen. Of kan hij toch wel verantwoordelijk gesteld worden voor zijn gedrag?

Saartje [62 jaar, duur relatie 33 jaar, 4 jaar geleden beëindigd]: Hij is wel verantwoordelijk voor zijn gedrag. Het is bewust toneelspel wat hij naar anderen laat zien.

Engelien [48 jaar, duur relatie 26 jaar, 4 jaar geleden beëindigd]: Verantwoordelijk? Moeilijk te beantwoorden, een narcist kan niet anders dan hij doet. Hij kan het niet aan om het langer vol te houden, geeft spanning.

Aljo [55 jaar, 38 jaar relatie, 2 jaar geleden beëindigd]: Hij wist dat hij een narcist was. Hij kon er niets aan doen, zei hij. 'Ik kan mijzelf niet veranderen.' Ik vind dat hij er te makkelijk mee wegkomt... Zo donders berekenend. Hij kan zo praten dat ik niet deug.

Frenske [48 jaar, duur relatie 12 jaar, 4 jaar geleden beëindigd]: Hij is zich bewust van zijn manipuleren: 'Ik kan iedereen in de hoek krijgen waar ik hem wil hebben,' zegt hij. Als hij aardig wil doen, kan hij aardig doen. Het is bewust handelen: waarin investeer ik en waarin niet meer?

Babette [48 jaar, duur relatie 4 jaar, 2 jaar geleden beëindigd]: Zelfs de kinderen viel het op: 'Op je werk ben je aardig, hier thuis niet.' Hij zei: 'Dat is maar voor kort', hij gaf het toe. Hij zei: 'Ja, voor klanten kan ik aardig zijn als ik dat wil.'

Als je de narcist niet verantwoordelijk acht ('hij is ziek'), aanvaard je na de relatie je lot als partner op een andere manier dan wanneer je die verantwoordelijkheid wel ziet. In dat laatste geval betekent het voor jou immers dat je bent omgegaan met iemand die jou willens en wetens manipuleerde. Als je je dat realiseert, is je medelijden waarschijnlijk snel verdwenen. De narcist heeft jou immers bewust ingezet voor het vervullen van zijn behoeften en hij heeft jouw behoeften moedwillig ontkend. Netjes gezegd: je bent instrumenteel voor zijn behoeften ingezet – als een object, als een ding en niet als een subject, als een mens van vlees en bloed.

Op het moment dat je je realiseert dat je dus gebruikt bent, zal het laatste restje begrip en sympathie dat je voor hem voelde, als sneeuw voor de zon verdwijnen. Dit kan ook zijn invloed op de verwerking hebben. Mogelijk zijn boosheid en zelfverwijt in deze fase langduriger aanwezig. We hebben in hoofdstuk 1 aangegeven dat narcisme deels erfelijk is, maar iemand die deze aanleg heeft geërfd, hoeft niet noodzakelijkerwijs narcisme te ontwikkelen. Gunstige opvoedingscondities kunnen deze ontwikkeling stoppen en ombuigen. Narcistisch gedrag is afhankelijk van verschillende factoren. Dat maakt dat een vraag over de verantwoordelijkheid van de narcist een complex vraagstuk is, dat wij in het kader van dit boek niet eenduidig kunnen ontrafelen.

Welke invloed heeft deze relatie op je zelfbeeld?

Sjoukje [53 jaar, duur relatie 11 jaar, 10 jaar geleden beëindigd]: Ik was zelfstandig en financieel onafhankelijk, maar emotioneel zeer afhankelijk. Hij haalde het slechtste in me naar boven. Mijn eigenwaarde ging eraan onderdoor. Ik heb angst ontwikkeld. Mijn vertrouwen in de mensheid is minder geworden... Ik ben zeker beschadigd. Ik voel mij snel geïntimideerd. Ik heb een geringe eigenwaarde gekregen. Mijn drempel om boos te worden, is lager geworden.

Karin [79 jaar, duur relatie 25 jaar, 26 jaar geleden beëindigd]: Ik ben een ander mens geworden, ik kon lachen, nu niet meer. Niet meer huilen. Ik ben afgestompt. Misschien heb ik ptss[5]?

Aljo [55 jaar, 38 jaar relatie, 2 jaar geleden beëindigd]: Ik ben mijzelf kwijtgeraakt. Het heeft weinig tot niets opgeleverd. Dat is heel triest.

Leon [37 jaar, duur relatie 5 jaar, 4 jaar geleden beëindigd]: Ik ga nu als een trein, maar er is ruis gekomen in mijn liefdesleven. Ik ben mijn onbevangenheid verloren, heb nog steeds verlangen naar haar, kan nooit meer oprecht blij zijn. Kan mijn gevoel niet meer vertrouwen, dat maakt ook angstig.

Saartje [62 jaar, duur relatie 33 jaar, 4 jaar geleden beëindigd]: Ik laat mij niet steeds de mond snoeren. Nu zeg ik: 'Ik was eerst.' Ik ga het conflict aan. Ik laat mij niet meer ondersneeuwen. Maar nu voel ik mij een bitch worden, dit hoort niet bij mij. Dit wil ik niet. Anderen zien dit, dus die denken: 'Wat een bitch, die tante.' Er gaat steeds meer een stukje van mij weg, een stukje dood. Ik ben wel verbitterd geworden. Maar het is mijn keuze geweest.

Lucy [55 jaar, duur relatie 35 jaar, 3 jaar geleden beëindigd]: Ik voel me verbitterd. Ik ben daar bang voor. Ik wil niet verzuren. Twintig jaar geleden had ik al door dat ik verbitterd zou worden. 'Dat gebeurt mij niet,' dacht ik. Toch is het niet gelukt. Hier kun je nooit van winnen. Ik voel mij miskend, het feit dat ik zo berekenend moet zijn, terwijl ik uit wil gaan van het goede. Alles waar je voor

---

5 Ptss staat voor: posttraumatische stressstoornis.

staat, wordt onderuitgehaald. Het haalt het slechtste in je naar boven... Ik leefde in een toneelstuk.

Karin [79 jaar, duur relatie 25 jaar, 26 jaar geleden beëindigd]: Ik heb heel lang gedacht dat ik gek was. Nu, in dit gesprek, ontdek ik dat niet ik gek was, maar dat er iets met hem was.

Belinde [46), duur relatie 18 jaar, 8 jaar geleden beëindigd]: Ik vertrouw mijzelf niet meer.

Tinke Jo [68 jaar, duur relatie 2 jaar, 2 jaar geleden beëindigd]: Ik ben toch niet helemaal gek geweest. Normaal kom ik goed voor mijzelf op... Ik ben zo vervangbaar. Door een ander.

Het zelfbeeld blijkt, op basis van de gegeven zelfwaarderingen, sterk negatief beïnvloed te zijn. De relatie met een narcist heeft grote invloed op je identiteit, je mensbeeld en je verwachtingen ten aanzien van relaties. Wellicht heeft deze relatie jou als partner veel dieper beïnvloed dan je aanvankelijk vermoedde. Het kan zijn dat je zelfvertrouwen weg is, dat je je miskend voelt. Mogelijk heb je het gevoel dat je inwisselbaar bent. Het besef dat het in de relatie niet om jou ging, maar om een aantrekkelijke partner die op het gewenste plaatje stond naast de narcist, is een schokkende ontdekking. Het heeft er alle schijn van dat je een rol hebt gekregen in het toneelstuk dat de narcist opvoert in zijn leven. Jij bent slechts een pion geweest in een schaakspel. Een pion weg? Dan pakt de narcist meteen weer een nieuw exemplaar. Dat is een heel kille en onthutsende constatering, die je terugblik op de relatie sterk negatief kleurt.

In de praktijk van de geestelijke gezondheidszorg is bekend dat in geval van een negatief zelfbeeld er tal van klachten kunnen ontstaan, zoals minderwaardigheidsgevoelens, sociale angst, eetproblemen, depressieve klachten, faalangst. Sommige partners noemen dit ook expliciet.

Wat gaf jou afstand en inzicht?

Therapie, gesprekken met dierbaren, lezen over het onderwerp: bijna iedereen was met een of meer van deze 'afstandnemers' bezig. Bijna alle geïnterviewden waren ten tijde van het interview in therapie, hadden therapie(ën) achter de rug of waren voornemens een therapie te volgen.

Anke [49 jaar, duur relatie 15 jaar, 7 jaar geleden beëindigd]: Therapieën, nog steeds... Ook in dit gesprek vallen de puzzelstukjes in elkaar. Eerder lukte het niet om naar de scheiding, de pijn, te kijken. Er was geen ruimte. Toen ik in aanraking kwam met de hulpverlening, 'effect van vechtscheidingen voor kinderen', toen werden mij de ogen geopend. Dus pas ná de scheiding.

Leon [37 jaar, duur relatie 5 jaar, 4 jaar geleden beëindigd]: De psycho-educatie bij een psycholoog, en het enorm geduldige luisterend oor van mijn beste vriend hielpen me over het dieptepunt heen te komen.

Het is bekend dat er verschillende manieren van het nemen van afstand zijn, waarmee ook inzicht makkelijker ontstaat. Het meest voor de hand liggend is het letterlijk afstand nemen: op een heel andere plek zijn en daar ervaren hoe en wie je bent. Vaak wordt gezegd: 'Je neemt je geestelijke bagage mee naar een andere plek.' Dat is ongetwijfeld waar, maar daartegenover staat het gegeven dat je denken en je inzichten voor een belangrijk deel ook verbonden zijn met de context waarin ze ontstaan zijn. Verander de context – zoals de omgeving – en je krijgt de mogelijkheid er anders over te denken.

Een andere veelbeproefde 'afstandnemer' is kennis en ervaring van lotgenoten of ervaringsdeskundigen. Het vergelijken van hun verhalen met jouw verhaal kan helpen om de overeenkomsten en verschillen te beoordelen. De overeenkomsten kunnen je waarschijnlijk steun geven ('Ik ben niet de enige die...'), en de verschillen kunnen je helpen om jouw zelfbeeld te verhelderen ('Voor mij geldt vooral dát en dat andere minder of niet').

Uiteraard kan ook kennis uit relevante literatuur je helpen afstand te nemen en inzicht te verkrijgen, ofschoon ook hier het gevaar dreigt dat je alles op jezelf betrekt en niet meer het onderscheid kunt maken tussen wat voor jou geldt en wat niet op jou van toepassing is. Wat jou vooral kan helpen, is literatuur die meer objectief – vanuit een zekere wetenschappelijke distantie – kennis verschaft om inzicht te krijgen. Uit de persoonlijkheidspsychologie is bekend dat sommige mensen bestaande gevoelens vasthouden en die koesteren, ook al zijn ze negatief en beladen. Ze verkiezen dit boven het onderzoeken van die gevoelens. Dat heeft ermee te maken dat het vasthouden meer zekerheid geeft en minder bedreigend is dan de moeilijk voorspelbare en mogelijk dreigende effecten van het onderzoeken van de gevoelens.

Wat bood tegenwicht in je leven, waardoor had je compensatie?

Een tegenwicht in je leven ('protectieve factoren') kan een moeilijke situatie wat draaglijker maken.

Sjoukje [53 jaar, duur relatie 11 jaar, 10 jaar geleden beëindigd]: Ik had een baan waarbij ik ook op training ging en conferenties bezocht. Ik ging dan helemaal los met collega's, ging ook met hen naar bed. Dat gaf troost. Ik heb geen spijt daarvan, ik had dat nodig. Dat werkte de dagen dat ik weg was.

Erica [59 jaar, duur relatie 30 jaar, 10 jaar geleden beëindigd]: Vriendinnen, werk... en druk met mijn kinderen.

Daniela [29, duur relatie 5 jaar, 2 jaar geleden beëindigd]: Mijn geloof, mijn vrienden, de boekenclub. Ik was de grappenmaker in de boekenclub, dat hield mij op de been.

Frenske [48 jaar, duur relatie 12 jaar, 4 jaar geleden beëindigd]: Yoga is mijn anker geweest, om mij te verzetten. En ik was lid van een serviceclub, waar ik mijn ei kwijt kon, waar ik goede gesprekken kon voeren.

Het in stand houden van of zoeken naar positieve of bekrachtigende bronnen kan voor jou als partner een beschermende werking hebben in de relatie met de narcist. Voor sommige partners is dit een reddingsboei geweest, waardoor zij het leven met een narcist beter konden doorstaan. De partners die minder een eigen leven hadden, liepen een grotere kans om aan de relatie met de narcist ten onder te gaan. Hoe meer tegenwicht partners uit de buitenwereld kregen, hoe beter de ellende en manipulatie te verdragen was.

In het algemeen geldt (zie bijvoorbeeld Greenberg e.a., 2002) dat de veerkracht van mensen (het bestand zijn tegen tegenslagen en te veel stress) afhangt van de verhouding tussen iemands draaglast en draagkracht. Bij draaglast gaat het bijvoorbeeld om ziekte, langere tijd slecht slapen, werkdruk, relatieproblemen of relatiebreuk. Bij draagkracht kun je denken aan je persoonlijkheid (meer of minder stressbestendig), de aanwezigheid van een steunende partner, voldoende tijd voor rust en ontspanning en/of een sterk sociaal netwerk. Als je draaglast langere tijd groter is dan je draagkracht, kunnen er problemen en chronische stress ontstaan. Langdurige stress heeft invloed op je lichaam, emoties, motivatie en gedachten. Je gaat anders reageren op de mensen om je heen en op gebeurtenissen die je overkomen (Greenberg, Carr & Summers, 2002).

De acceptatie: is het mogelijk te accepteren wat er gebeurd is?

Het klinkt zo makkelijk: acceptatie. 'Ach, accepteer nu eens hoe het is.' Of: 'Je hebt het zelf toch gewild? Of wil je weer terug soms?' Reacties uit je omgeving van mensen die niet begrijpen dat acceptatie voor jou als partner van een narcist geen sinecure is, dat het je allemaal behoorlijk zwaar valt. Verwarring en ongeloof, verdriet, verbijstering en schaamte beheersen je denken als je je realiseert waar je mee te maken hebt gehad. Mensen die dit niet hebben meegemaakt, die geen ervaring hebben met narcisme in hun relatie, kunnen zich de complexiteit van dit proces niet voorstellen.

Wat is acceptatie? Acceptatie is iets heel anders dan goedkeuring. Het gedrag van de narcist in de relatie met jou is niet goed te keuren, op geen enkele manier. Acceptatie is accepteren van wat er is: pijn, ongeloof, verbijstering, verlies van een illusie, verdriet, onbegrip. Langzaam dringt het tot je door dat dit de realiteit is, hoe bitter die ook is: pijn om het verlies, pijn om het verlies van een illusie. De ervaring dat wat je ook deed, het niet beter werd. Jij bleef je best maar doen en hopen. Dat doet pijn.

Acceptatie is de realiteit aanvaarden: de narcist is wie hij is en een gelijkwaardige relatie met hem is uitgesloten. Je hebt te maken gehad met iemand met een persoonlijkheidsstoornis, die daardoor niet in staat is om jou te geven wat je nodig hebt. Liefde zoals jij die kent, is hem onbekend. Jarenlang heb je daarvoor gevochten en het opgeven van deze illusie zal daarom pijnlijk voor je zijn.

Schuldgevoel kan ook een grote rol spelen: 'Had ik niet véél meer kunnen doen?' Die gedachte blijft je mogelijk lang dwarszitten. Waarschijnlijk komen gevoelens van vertwijfeling en zelfverwijten op: 'Waarom heb ik het niet eerder gezien, waarom ben ik niet eerder gestopt?' In een destructieve relatie kunnen twijfel, wanhoop en schuldgevoel een grote rol spelen.

Frederike [42 (juriste), 10 jaar relatie met narcist (salesmedewerker)]: Drie jaar of langer heb ik erover gedaan om eroverheen te komen. Ik sta nu stevig op de grond. De vraag die blijft: waarom moest dit mij overkomen? Waarom had ik het niet door? Hoe heb ik dit kunnen volhouden? Waarom ben ik zo stom dat ik dit niet doorhad?

Aljo [55 jaar, duur relatie 32 jaar, 3 jaar geleden beëindigd]: Onbegrip, verbazing en zelfs terugverlangen naar de relatie...

Sjoukje [53 jaar, duur relatie 11 jaar, 10 jaar geleden beëindigd]: Het is letterlijk afgesloten, maar dieper gelegen blijft de vraag: hoe is het mogelijk dat ik hierin zo ben blijven hangen, zo lang? Waarom?

Zelfs na jaren blijken veel partners nog te worstelen met de voorbije relatie.

8 Terugblik en acceptatie

Herman [67 jaar, duur relatie 28 jaar, 7 jaar geleden beëindigd]: Nee, niet bevrijd... Ik heb nu nog steeds te maken met naweeën van het faillissement van ons bedrijf, door haar geldonttrekking tijdens mijn ziekte, het huis te vroeg verkocht, alles bij elkaar... Ik ben de brokstukken bij elkaar aan het rapen. Ik voel me beschadigd, vertrouw niks en niemand meer. Ik voel me nu heel eenzaam, en weet niet hoe het op te lossen. Ik vind mezelf niet goed.

De verwerking kan soms gestagneerd zijn door zelfverwijt, onbegrip, boosheid en verbittering. Voor sommige partners geldt dat ze zich na beëindiging van de relatie beschadigd voelen, zelfs jaren later nog. Het verwerken en accepteren in een narcistische relatie is een taaie klus. Dat narcistische relaties moeilijk los te laten zijn, kan te maken hebben met de ambivalentie en het verslavingsmechanisme zoals beschreven in hoofdstuk 7.

De acceptatie van wat geweest is, hangt samen met de manier waarop jij terugkijkt op de relatie. De kans op acceptatie wordt vergroot wanneer je de complexiteit van narcisme in alle rust en van een afstand kunt bezien. Je krijgt mogelijk meer begrip voor wat zich heeft afgespeeld tussen jullie als je:
- begrijpt wat er gebeurd is in de relatie;
- je bewust bent van de interactie en het patroon van communiceren;
- je bewust wordt van je eigen overtuigingen en je behoeften;
- doorziet hoe jij je liet verleiden;
- inziet hoe jij door de partiële bekrachtiging (het jou aan het lijntje houden) steeds weer bleef hopen op beter;
- begrijpt hoe je verslaafd bent geraakt aan dit patroon;
- inziet hoe jouw rol is geweest in dit spel, waaruit ontsnappen niet eenvoudig was.

Lukt het je om de feitelijke situatie te accepteren, dan is de kans groter dat je zelfverwijt vermindert en dat je kunt accepteren wat er is. Minder zelfverwijt maakt dat je met meer mildheid naar jezelf kunt kijken, dat je jezelf niet veroordeelt, maar begrijpt waarom je reageerde zoals je gedaan hebt. Uit de praktijk van psychotherapie is bekend dat als je stopt met het veroordelen van jezelf en de ander, er ruimte ontstaat voor positieve gevoelens. Lukt het je om je zelfverwijt een halt toe te roepen, dan kunnen andere gevoelens en gedachten gaan groeien. Er kan een gevoel van bevrijding ontstaan: bevrijding van de negatieve last van je verleden. Mogelijk ervaar je zelfs opluchting.

Voel je je bevrijd?
Uiteindelijk is in het opmaken van de balans het antwoord op deze vragen van belang. Voel je je bevrijd en opgelucht? Is er weer ruimte in je hoofd en in je leven? Kun je vrede hebben met wat er gebeurd is, of blijft het toch aan je vreten en beïnvloedt het jou in je huidige leven?

Uit de gesprekken bleek dat er bij een aantal geïnterviewden na langere tijd sprake was van een gevoel van bevrijding.

Erica [59 jaar, duur relatie 30 jaar, 10 jaar geleden beëindigd]: Ja, echt bevrijd nu, na al die jaren met hem. Dat viel mee, na drie maanden wist ik: dit is een hele goede beslissing. Alleen lastig dat ik én vader én moeder moest zijn. Vrienden zeiden: 'Wij hebben de oude Erica weer terug.' Ik was niet depressief, maar wel héél moe.

Engelien [48 jaar, duur relatie 26 jaar, 4 jaar geleden beëindigd]: Ja bevrijd, uiteindelijk wel. Een enorme last van mijn schouders. Nu voel ik me óók soms eenzaam, maar heel anders... Nu is de eenzaamheid anders.

8 Terugblik en acceptatie

Lilian [50 jaar, duur relatie 21 jaar, 13 jaar geleden beëindigd]: In het begin had ik veel spijt dat ik zelf niet gestopt ben. Maar nu zie ik het als een uitdaging om niet te verzuren en om werk te gaan zoeken... Heerlijk, het is goed gekomen. Het liefst had ik nu kinderen gehad met iemand met wie ik samen zou zijn, vooral al die feestdagen. Eerst nam ik het mijzelf veel meer kwalijk: waarom heb ik dit toch gedaan, waarom ben ik zo lang doorgegaan? Nu, na al die jaren, zie ik dit losser en accepteer ik meer dat dit op mijn pad is gekomen.

Frederike [42 jaar, relatie duur 8 jaar, 10 jaar geleden beëindigd]: De eerste jaren waren leuk. Geen spijt, geen wroeging. Vier jaar is het goed gegaan. We hebben ook plezier gehad. Ik heb geen periode van verwarring gehad, wel twijfel. Daarna drie jaar minder... Het was geen opzet, hij had een ziekte in zijn hoofd. Je leert van elke gebeurtenis.

Kees [45 jaar, duur 7 jaar, 7 jaar geleden beëindigd]: Ik heb ontdekt dat ik haar niet de schuld geef, ik ben uit vrije wil de relatie aangegaan. Ik ben gewoon een pleaser en dan is dit de schade geweest. Ik kan het nu ook, dankzij goede hulp, achter me laten, hoewel zij via mijn kinderen en mijn eerste vrouw doorgaat met manipuleren. Ik ben tot de bodem van mijn bestaan gegaan, en daardoor kreeg ik de baten via andere mensen, en kwam ik er uiteindelijk goed uit... Ik ben er beter uitgekomen.

Deze geïnterviewden kunnen de positieve elementen van de voorbije relatie benoemen. Ook blijken zij vergevingsgezind wat betreft hun eigen rol: de kern van de verwerking. Jezelf vergeven is jezelf accepteren met je 'fouten'. Het veroordelen van jezelf stopt, evenals de fout bij jezelf blijven zoeken. Jezelf vergeven is de bron voor acceptatie.

Als het je lukt om je uiteindelijk neer te leggen bij de realiteit, en je verzet en het vechten op te geven, kun je misschien zelfs met enige compassie naar de narcist kijken, met mildheid. Dit verwerken is geen makkelijke weg, maar wel noodzakelijk. Het verwerken van je relatie met de narcist gaat waarschijnlijk je hele leven door. Maar door het te verwerken – erover praten of erover lezen – blijft het steeds minder op de voorgrond 'kleven', zal het langzamerhand meer naar de achtergrond verschuiven.

Met deze houding heb je een grotere kans om los te komen en je eindelijk te bevrijden uit het web van de narcist.

'Het wordt nooit beter, alleen maar erger.'

9
ADVIEZEN VOOR PARTNERS

Het is de moeite waard om, terugkijkend op de gebeurtenissen zoals we die in de verschillende hoofdstukken hebben weergegeven, te kijken welke lessen er geleerd kunnen worden. Nu, aan het einde van dit boek, geven we je dan ook graag onze adviezen. Die zijn gebaseerd op de uitspraken van de geïnterviewden en gekaderd of aangevuld met onze kennis van zaken. Hopelijk kunnen die adviezen je helpen in het omgaan met (de verwerking van) de relatie met de narcist.

Aan de geïnterviewde partners hebben we deze vraag voorgelegd: 'Welke tips en adviezen heb je voor mensen die een relatie met een narcist hebben, met de wijsheid van nu?' Zij gaven een scala aan antwoorden. Wij hebben deze antwoorden beoordeeld op de mate waarin ze stroken met de theorie over narcisme in relaties. Hieronder geven we ze puntsgewijs weer, zonder de namen en personalia van degenen die de antwoorden gaven. Ten slotte hebben wij als schrijvers ze aangevuld met onze eigen adviezen.

Als je een langdurige relatie dreigt aan te gaan met de narcist

- Als mensen die hem kennen zeggen: 'Hij is heel anders dan je denkt', neem hen dan vooral serieus en denk niet: 'Ik ken hem beter' of 'Bij mij is hij anders'.

- Vraag door naar zijn verleden en zijn exen, hoewel het je heel veel moeite zal kosten om het juiste verhaal te horen.
- Wees alert op hoe hij reageert als je ziek bent.
- Kijk of zijn woorden en daden overeenkomen.
- Neem ruim de tijd voordat je trouwt of gaat samenwonen. Als er veel tijd overheen gaat, is de kans groot dat hij het ophouden van de schone schijn niet langer volhoudt en zijn ware gezicht laat zien.
- Luister naar je intuïtie, die is namelijk gebaseerd op je ervaringen ('voorbewuste ervaring'). Als het fout voelt, is het fout.
- Ga lezen over dit onderwerp. Kies geen bronnen waarin de narcisten vooral worden veroordeeld, maar bronnen die onderbouwde kennis garanderen. (Zie de bronnenlijst aan het eind van dit boek.)
- Verwijt jezelf niets, het is heel begrijpelijk dat je hierin gestapt en misleid bent.

Als je besluit te blijven (vanwege allerlei belangen, zoals zorg voor kinderen of zakelijke belangen)

- Leid zo veel mogelijk je eigen leven en geniet van de mooie momenten in het leven met de narcist.
- Zorg dat je een netwerk hebt van vrienden/vriendinnen en familie, met wie je je zorgen kunt bespreken en je eigen leven kunt leiden.
- Laat het verlangen los! Let erop: het verlangen naar de narcist en naar een goede relatie is een teken dat je je nog onvoldoende bewust bent van de valkuilen van een narcistische relatie.
- Verwacht niet dat je relatie met de narcist beter wordt: dit is wat het is en het wordt niet beter. De kans is groter dat het slechter wordt.
- Probeer je in de contacten zo neutraal mogelijk op te

stellen. Zie het als schaken: als jij een zet doet, moet je nadenken welke zetten die ander doet en wat dit voor jou betekent. Geef jezelf niet te snel een onvoldoende.
- Laat je niet in ruzies meetrekken, om je gelijk te halen. Je gelijk, dat krijg je niet. Distantieer je zo veel mogelijk van mogelijke conflictgesprekken.
- Zorg dat je zo veel mogelijk te weten komt over narcisme, lees erover (zie boven).
- Zoek een therapeut die echt verstand heeft van narcisme en dus ook van het lastige verborgen narcisme. Laat die therapeut niet alleen verklaringen geven, maar zoek iemand die vooral vragen stelt, vanuit kennis van zaken over de complexiteit van een relatie met een narcist.
- Als je bang bent om de relatie te beëindigen, omdat je angst hebt voor de leegte en voor het onbekende daarna (je weet nú tenminste wat je hebt...), ga dan niet vluchten voor het gevoel van leegte door toch maar in de relatie te blijven. Als je de leegte weet te doorleven en die niet vermijdt, vind je uiteindelijk nieuwe manieren om met de realiteit om te gaan en kun je nieuwe betekenis aan je leven geven. Alleen als je de kustlijn loslaat, kun je een nieuwe horizon ontdekken.

Jij kunt het gedrag van de narcist niet veranderen
We willen dit hoofdstuk afsluiten met een heel indrukwekkende en veelzeggende reactie van een der geïnterviewden:

Realiseer je goed: je hebt geen invloed op een narcist. Als je weet dat je met een narcist bent, stop er dan mee. Het wordt nooit beter, alleen maar erger. Je kunt een narcist niet veranderen, er is namelijk geen lijdensdruk. Lees wat de psycholoog Erich Fromm schreef: 'Maligne (kwaadaardig) narcisme is erger dan psychopathie.' Het 'ontschept', maakt het mooie van de schepping kapot. Vergelijk het met wat narcistische dictators doen in sommige Afrikaanse landen: het land voor eigen gewin leegroven en geen enkele compassie tonen voor de eigen mensen.

'Ik ben toch niet helemaal gek geweest.'

VERANTWOORDING

Wij zijn allereerst de vrouwen en mannen die hun ervaringen met ons wilden delen veel dank en verantwoording schuldig. Zonder de openhartige verhalen van deze moedige mensen zou dit boek niet geschreven kunnen zijn.

Motivatie
Onze motivatie voor het schrijven van *Narcisme in relaties* kwam vooral voort uit verbazing over de felheid en indringendheid waarmee het onderwerp veelvuldig in de sociale media opduikt. Daarbij gaat het meestal over de 'gemene' narcist – en tegelijk ook over de 'zielige' partner. Wij wilden met iets meer afstand bekijken wat er in de relatie met een narcist gebeurt, vooral wat de partner betreft. En met name: wat gebeurt er met de partner wat betreft gevoel, denken en doen? Wij wilden dit nagaan in verschillende fasen in de relatie met de narcist: bekoring, ingesponnen worden, beklemming, escalatie en kantelpunt, losmaking, verwerking en acceptatie.

Onderbouwing
We hebben de structuur van het boek (hoofdstukken, indeling in paragrafen) ontleend aan eigen kennis en inzicht in dit onderwerp. Deze indeling in hoofdstukken en paragrafen kwam tot stand door analyse van de verhalen van de partners.

Het thema narcisme hebben we theoretisch onderbouwd door het bestuderen van relevante literatuur. Tevens hebben we actuele informatie van internet benut. Zie daarvoor het overzicht van bronnen. Ook hebben we gebruikgemaakt van de gegevens uit interviews met partners van narcisten.

De opbrengsten van de interviews hebben we gecodeerd naar onze indeling van fasen in de relatie en naar in de interviews veelvoorkomende thema's. Hierbij gebruikten we de toepassing van *sensitizing concepts* uit *Grounded Theory* (Glaser & Strauss, 1967).

We hebben de opvattingen van professionele deskundigen gretig ingezet. Met name willen we hier het plezierige en verhelderende gesprek met Hans Fransen noemen, die als psycholoog/groepstherapeut ervaring heeft met het begeleiden van narcisten. Ook psychologe Katinka Franken willen we bedanken voor haar heldere introductie in het weerbarstige veld van narcisme.

Geïnterviewden
De geïnterviewden hebben we geworven via mond-tot-mondreclame en een advertentie in een landelijke kwaliteitskrant. We stuurden de vragenlijst van tevoren op, zodat partners zich een beeld konden vormen van de inhoud van het interview. Op basis hiervan is ook een aantal mensen afgevallen. Uiteindelijk hielden we 25 mensen over: 21 vrouwen en 4 mannen.

Is er sprake van narcisme?
Dat het een relatie met een narcist(e) betrof, stelden we vast op basis van zelfrapportage van de geïnterviewde. Deze ontleende het kenmerk van de narcistische persoonlijkheidsstoornis aan het oordeel van een psychiater

(drie maal) of klinisch psycholoog of therapeut (veertien maal), bij wie hulp werd gezocht tijdens de relatie met de narcist of daarna.

Bij zeven geïnterviewden was er geen psychiater of psycholoog/therapeut geconsulteerd, maar had de partner zelf geconstateerd – op basis van literatuur/internet – dat het gedrag de narcistische persoonlijkheidsstoornis betrof.

Bij deze geïnterviewden zijn we nagegaan of er sprake was van minimaal vijf van de negen belangrijkste kenmerken van deze stoornis (open of verborgen) bij de ander. We deden dat door in de interviews bij de antwoorden op de vragenlijst (zie de bijlage) deze kenmerken achteraf te analyseren. Bij twee geïnterviewden constateerden we dat er bij de ander sprake was van een antisociale persoonlijkheidsstoornis, in combinatie met ziekelijk narcisme. Bij een andere geïnterviewde leek er sprake te zijn van sociopathie, in combinatie met ziekelijk narcisme. Bij de overige vijf geïnterviewden in deze groep van zeven was er in onze ogen overtuigend sprake van de narcistische persoonlijkheidsstoornis, omdat ze voldeden aan minimaal vijf kenmerken. Zie hoofdstuk 1 voor een overzicht van de kenmerken.

Interviews
Door de heftige persoonlijke onthullingen waren de interviews voor ons (en voor de geïnterviewden) zeer indringend. Ze duurden zo'n 1,5 tot 3,5 uur en leidden bij de meeste geïnterviewden tot na-ijlende correspondentie. Die betrof verdere toelichtingen op de antwoorden, maar ook spontane berichten over wat het interview teweeg had gebracht. Wat dat laatste betreft ging het om heftige

herbelevingen van voorvallen tijdens de relatie, verkregen inzichten door de vragen en opluchting, maar ook om acties die men ging ondernemen, zoals in therapie gaan of het eigen ondersteunend netwerk hernieuwen.

Om de vertrouwelijkheid te waarborgen hebben we de gegevens van de geïnterviewden geanonimiseerd.

– BIJLAGE –
VRAGEN INTERVIEW

Naam:
Kinderen:
Duur relatie:
Beroep / leeftijd / leeftijd geïnterviewde:
Beroep / leeftijd / leeftijd narcist:

1. Waarom denk je aan narcisme? Welke trekken zag je je?
2. Hoe kwam je erachter dat je partner een narcistische persoon met narcistische trekken was?
3. Wat trok je aan in hem?
4. Hoe voelde je je naast hem?
5. Wat hoopte je te vinden? Wat straalde hij uit? Heb je dat gevonden?
6. Waarin ben je het meest teleurgesteld in wat je niet hebt gevonden?
7. Wat waren voor jou de kosten en de baten van de relatie?
8. Wanneer twijfelde je voor het eerst? Wat dacht, voelde en deed je toen?
9. Wat was voor jou een sleutelmoment?
10. Wat zijn de instandhouders waardoor je langer doorging? Wat waren jouw denkbeelden en overtuigingen?
11. Wat deed je aan vroeger denken? Wat was vertrouwd? (welk schema)

12. Omschrijf je relatie in drie positieve en drie negatieve termen.
13. Wat bood tegenwicht in je leven? Waardoor had je compensatie?
14. Wat is het meest verraderlijke in zo'n verhouding?
15. Wat maakte dat het uitging? Losmaking?
16. Wat betekende het uitgaan in termen van kosten en baten?
17. Welke opmerkingen uit je omgeving hebben je geraakt? Wat deed het jou?
18. Welke invloed heeft deze relatie op je zelfbeeld gehad?
19. Voelde je je bevrijd? Opgelucht? Hoelang duurde het voordat je je bevrijd voelde?
20. Wat gaf jou afstand en inzicht?
21. Is de narcist verantwoordelijk voor zijn gedrag of kan hij er niets aan doen?
22. Is het gedrag in de loop van de jaren verminderd of verergerd?
23. Wat was de reactie van de omgeving?
24. Hoe kijk je erop terug?
25. Tips voor anderen?

BRONNEN

Appelo, M. (2013), *Een spiegel voor narcisten*. Amsterdam: Boom.

Appelo, M. (2017), *Wij – Zij. Gaat de wereld aan narcisme ten onder?*. Amsterdam: Boom.

Arjoon c.s., S. (2010), 'Narcissistic Behavior and the Economy: The Role of Virtues'. In: *Journal of Markets & Morality*, Volume 13, Number 1 (Spring 2010): p. 59-82.

Back, M.D., S.C. Schmulke & B. Egloff, 'Why are Narcissists so Charming at First Sight? Decoding the Narcissism-Popularity link of Zero Acquaintance'. in: *Journal of Personality and Social Psychology Bulletin*, 39, p. 870-882.

Behary, W. (2013), *Waarom moet het altijd over jou gaan?*. Amsterdam: Hogrefe.

Beunders, H. (2014), 'De wederopstanding van de cultuur van het narcisme'. In: *De Groene Amsterdammer*, 3 juli 2014.

Bierhoff, H.W. & E. Neumann (2004), 'Ichbezogenheit versus Liebe in Paarbeziehungen; Narzissmus im Zusammenhang mit Bindung und Liebesstilen'. In: *Zeitschrift für Sozialpsychologie*, 35 (1), 2004, p. 33-44.

Campbell c.s., W.K. (2002), 'Does Self-Love Lead to Love for Others? A Story of Narcissistic Game Playing'. In: *Journal of Personality and Social Psychology American Psychological Association, Inc.* 2002, Vol. 83, No. 2, p. 340-354.

Derksen, J. (2007), *Het narcistisch ideaal. Opvoeden in een tijd van zelfverheerlijking.* Baarn: Uitgeverij Bakker.

Freezer, H. (1973), *Houd je nog een beetje van mij?.* Amsterdam: De Uitgeverspers.

Geurtz, J. (2015), *Verslaafd aan de liefde.* Amsterdam: Ambo.

Glaser, B.G. & A.L. Strauss (1967), T*he Discovery of Grounded Theory.* London: Aldine.

Greenberg, N., J.A. Carr & C.H. Summers (2002), 'Causes and Consequences of Stress'. In: https://www.researchgate.net/publication

Gryalva c.s., E. (2015), 'Gender Differences in Narcissism: A Meta-Analytic Review'. In: *Psychological Bulletin* 141:2 (March 2015), p. 261-310 (© 2014 American Psychological Association).

Harrison, M.A., & J.C. Shortall (2011), 'Women and men in love: who really feels it and says it first?'. in: *The Journal of Social Psychology,* 151(6), p. 727-736.

Johnson, S. (2017), *Houd mij vast.* Utrecht: Kosmos Uitgevers.

Kübler-Ross, E. (2006), *Lessen voor levenden.* Amsterdam: Ambo.

Lasch, C. (1979), *The Culture of Narcissism.* Norton, New York.

Levie, L.H. (1992), 'Collusie ('Neurotische ritssluiting'); een bijzondere vorm van gestoorde partnerrelatie'. In: *Nederlands Tijdschrift voor Geneeskunde,* 1992; 136:780-2.

MacLuhan, M. (2002), 'De extensies van de mens'. In: *Media begrijpen.* Amsterdam: Uitgeverij Nieuwezijds.

Marazziti, D. & D. Canale (2004), 'Hormonal changes when falling in love'. In: *Psychoneuroendocrinology,* 29(7), p. 931-939.

Miller, A. (1983), *Het drama van het begaafde kind.* Bussum: Het Wereldvenster.

Nisbett e.a., R.E. (1977), 'The Halo Effect: Evidence for Unconscious Alteration of Judgments'. In: *Journal of Personality and Social Psychology,* 1977, Vol. 35, No. 4, p. 250-256.

Norwood, R. (1987), *Als hij maar gelukkig is.* Amsterdam: Anthos.

Oers, M. van (2016), *Voorbij het narcisme.* Utrecht: AnkhHermes.

Parkes, C.M. & R.S. Weiss (1983), *Recovery from bereavement.* New York: Basic Books. Vermeld in: Jos de Keijser, *Tijdschrift voor Psychotherapie,* januari 2004, 30:60–69.

Ploeg, P. (2014), *Narcisme te lijf.* Zoetermeer: Centrum voor gedragstherapie.

Roodvoets, C. (2003), *Het monsterverbond.* Haarlem: Gottmer.

Schalkwijk, F. (2018), *Elementaire deeltjes – Narcisme.* Amsterdam: Amsterdam University Press.

Stern, R. (2018). *Het gaslight effect.* Utrecht: AnkhHermes.

Stinson, F.S., Dawson, D.A., Goldstein, R.B., Chou, S.P., Huang, B., Smith, S.M., Grant, B.F. 'Prevalence, correlates, disability, and comorbidity of DSM-IV narcissistic personality disorder: results from the wave 2 national epidemiologic survey on alcohol and related conditions.' In: *J Clin Psychiatry.* 2008 July; 69(7):1033-45.

Storms, J. (2014), *Destructieve relaties op de schop.* Utrecht: AnkhHermes.

Streep, P. & A. Bernstein (2013), Mastering the Art of Quitting: *Why It Matters in Life, Love, and Work.* New York: Da Capo.

Vandermeersch, P.M.G.P. (1982), 'Het Narcisme. De psychoanalytische theorie en haar lotgevallen'. In: J.H. Huijts (red.), *Ik zei de gek. Tussen zelfontkenningzelfontkenning en zelfverheerlijking.* Baarn: Ambo, p. 32-58.

Vermote, R. (2005), 'Otto Kernberg: op de brug tussen psychiatrie en psychoanalyse. Een overzicht van zijn recente werk'. In: *Tijdschrift voor psychiatrie*, 47 (2005) 12.

Vonk, R. (2016), *Liefde, Lust en Ellende*. Amsterdam: Maven Publishing.

Websites

https://blogs.psychcentral.com/recovering-narcissist/2017/08/11-signs-youre-the-victim-of-narcissistic-abuse/

https://www.lentis.nl/probleem/narcistische-persoonlijkheidsstoornis/kenmerken-narcist

https://narcissisticbehavior.net/narcissistic-victim-syndrome-what-the-heck-is-that/

https://www.psychologytoday.com/us/blog/evolution-the-self/201404/the-vampire-s-bite-victims-narcissists-speak-out

https://blogs.psychcentral.com/relationships/2017/03/narcissistic-abuse-and-the-symptoms-of-narcissist-victim-syndrome/

https://www.psychologytoday.com/us/blog/the-mindful-self-express/201311/10-research-based-truths-about-people-in-love

https://www.psychologytoday.com/us/blog/meet-catch-and-keep/201507/how-do-you-really-know-if-youre-falling-in-love

https://www.psychologytoday.com/intl/blog/the-mysteries-love/201701/the-11-reasons-we-fall-in-love

Bronnen

https://www.psychologytoday.com/us/blog/tech-support/201406/why-we-fall-narcissists

https://www.deviersprong.nl/persoonlijkheidsstoornissen/narcisme/narcistische-persoonlijkheidsstoornis-kenmerken

https://www.nrc.nl/nieuws/2019/06/19/niemand-wordt-als-narcist-geboren-maar-je-kan-het-wel-worden-a3964258

https://www.volksgezondheidenzorg.info/onderwerp/persoonlijkheidsstoornissen/cijfers-context/persoonlijkheidsstoornissen-algemeen#node-prevalentie-van-persoonlijkheidsstoornissen-de-algemene-bevolking